高校入試 10日でできる 英語長文【基本】

特長と使い方

◆1日4ページずつ取り組み，10日間で高校入試直前に弱点が克服でき，実戦力を強化できます。

基本問題 基 …身につけましょう。

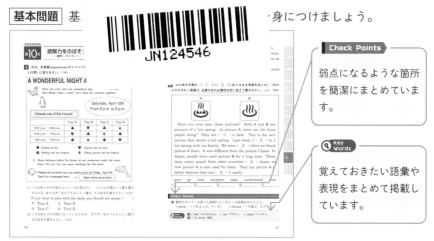

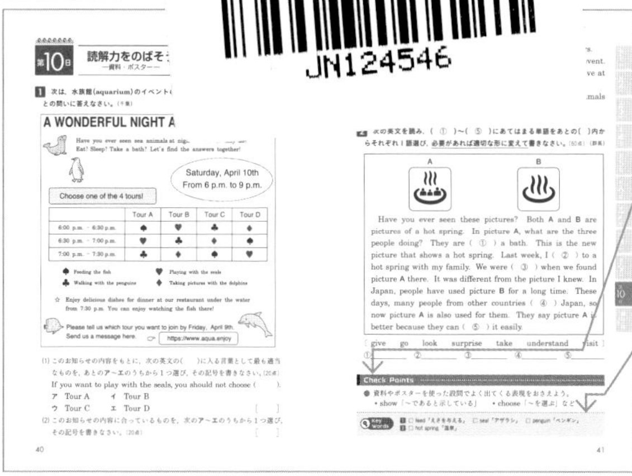

Check Points

弱点になるような箇所を簡潔にまとめています。

Key Words

覚えておきたい語彙や表現をまとめて掲載しています。

入試実戦テスト 入試問題を解いて，実戦力を養いましょう。

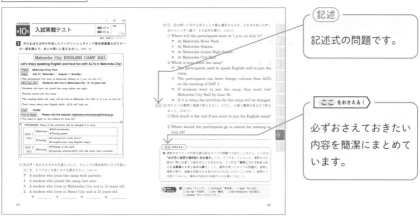

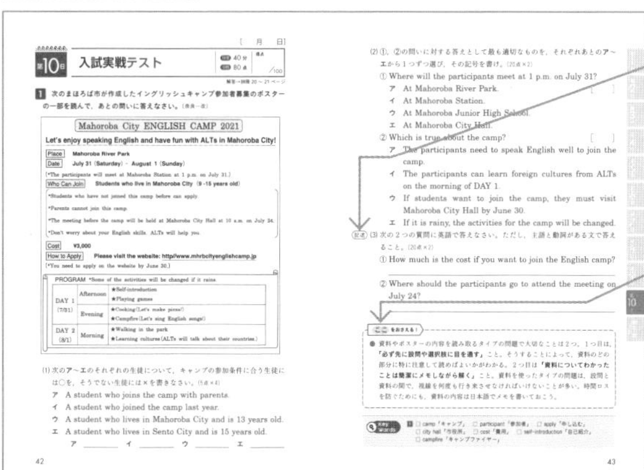

記述

記述式の問題です。

ここをおさえる！

必ずおさえておきたい内容を簡潔にまとめています。

◆巻末には「総仕上げテスト」として，総合的な問題や，思考力が必要な問題を取り上げたテストを設けています。10日間で身につけた力を試しましょう。

目次と学習記録表

◆学習日と入試実戦テストの得点を記録して，自分自身の弱点を見極めましょう。
◆１回だけでなく，復習のために２回取り組むことでより理解が深まります。

本書に関する最新情報は，小社ホームページにある**本書の「サポート情報」**をご覧ください。（開設していない場合もございます。）
なお，この本の内容についての責任は小社にあり，内容に関するご質問は直接小社におよせください。

出題傾向

◆「英語」の出題割合と傾向

〈「英語」の出題割合〉

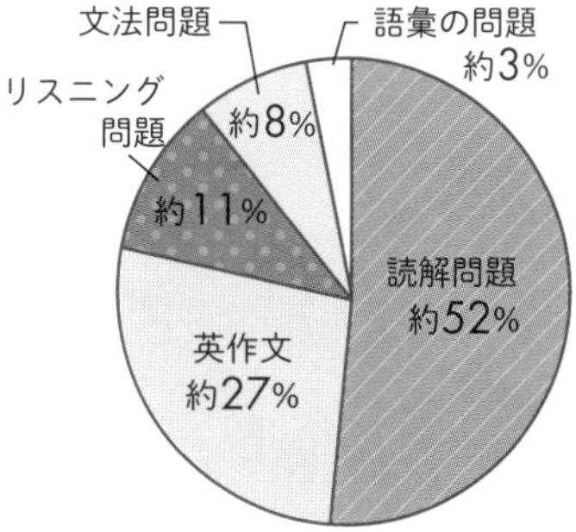

〈「英語」の出題傾向〉

- 問題の半数は読解問題で，長い対話文や物語，身近な話題を題材として，内容把握力や表現力が試される。
- 文法問題では，語形変化や空欄補充，同意文の書き換えなど，総合問題の中で出題されることが多い。語彙問題は，読解問題の一部として出題され，文脈を読み取る力が試される。

◆「読解問題」「リスニング問題」の出題傾向

- 読解問題では，語句や文の補充・選択，日本語での記述，空欄に合う適文の補充・選択などが出題され，最近の流行や話題を取り入れた問題も多い。
- リスニングでは，対話や英文を聞いて内容の要約を聞き取る問題が問われる。

合格への対策

◆読解問題

英文を速く正確に理解する力や文脈を読み取る力が試されます。最近の流行や話題を取り入れた文章に慣れるよう，ニュースなどをチェックしておこう。

◆英作文

設問に対する意見の多様性よりも，初歩的な英語を用いて自分の意見を読み手にわかりやすく，正確かつ的確に表現する力が求められます。

◆リスニング問題

複数の絵やグラフから，内容に合ったものを選ぶ問題が多く出題されます。日常的な場面・状況で使用される慣用的な表現が問われることも多いので，教科書の対話表現を確認しておこう。

◆文法問題

不定詞や現在完了，現在分詞・過去分詞に関するものが多い。比較や接続詞も要注意しよう。

［　月　日］

第1日 基本構文を確認しよう ①

時間 40分　得点 ／100

解答→別冊1ページ

1 次の英文が正しくなるように，文中の①～③の(　)内にあてはまる語句をそれぞれ下から選び，記号で答えなさい。(10点×3)〔北海道一改〕

Haruko, Midori and Miki are good friends.

Haruko loves sports. She is a member of the basketball team at school. So, her favorite (①) is after school because she can play basketball.

Midori plays the piano very well. She likes playing popular (②) on the piano. Haruko and Miki often sing together with Midori's piano.

Miki helps her mother at home every day because there is a baby in her family now. She (③) the rooms and goes shopping for her mother.

① ア sport　イ place　ウ book　エ time　［　　］

② ア cars　イ sports　ウ songs　エ video games　［　　］

③ ア listens　イ cleans　ウ has　エ lives　［　　］

2 次の英文は，下の日本文をもとにして書かれたスピーチの原稿です。文中の①・②にあてはまる英語をそれぞれ2語で書きなさい。(15点×2)〔福島一改〕

I'm going to tell you about Takizakura in Miharu Town.

It is one of the most popular cherry trees in Japan. In spring, the branches with blossoms look like a waterfall. The tree is (①) its wonderful shape and beautiful blossoms. I hear it is over one thousand (②).

〈滝桜〉
・日本で最も人気のある桜の木の１つである。
・春には花をつけた枝の様子が滝のように見える。
・すばらしい姿と美しい花で有名である。
・樹齢は千年以上と言われている。

① ＿＿＿＿ ＿＿＿＿　② ＿＿＿＿ ＿＿＿＿

3 **次の対話文を読んで，あとの問いに対する最も適切な答えをそれぞれ下から選び，記号で答えなさい。**（20点×2）〔大阪―改〕

Jane : When did you start to play volleyball, Takuya?
Takuya : I started it when I was a junior high school student.
Jane : Oh, did you? How about you, Yumi?
Yumi : I started it with my friends last April. Did you do any sports in Australia?
Jane : Well, not very much. But, I'd like to do some sports while I stay in Japan.
Yumi : Then, why don't you practice volleyball with us in our club?
Jane : That's a good idea. I'd like to do it.
Yumi : We practice on Monday, Wednesday and Friday after school in the gym.
Jane : OK.

(1) Did Takuya start to play volleyball when he was a junior high school student? [ ]

ア Yes, he does.　イ No, he doesn't.
ウ Yes, he did.　エ No, he didn't.

(2) How many times in a week does Yumi practice volleyball? [ ]

ア Three times.　イ Four times.
ウ Five times.　エ Every day.

Check Points

❶ **適語補充・選択**の問題では，名詞・動詞・形容詞・副詞などで，文脈に合った適切な意味のものを選べるかどうかを問われる。⇨ **1**

❷ 形容詞を使った連語表現はよく出題されるので，覚えておくとよい。⇨ **2**

- be interested in ～「～に興味がある」
- be famous for ～「～で有名である」
- be popular with ～「～に人気のある」
- be afraid of ～「～を恐れる」　など

Key Words
1 □ baby「赤ちゃん」 **2** □ cherry tree「桜の木」 □ branch「枝」 □ blossom「花」 □ waterfall「滝」 □ shape「姿，形」
3 □ gym「体育館」

第1日　入試実戦テスト

時間 30分　合格 80点　得点　／100

解答→別冊1～2ページ

1 **次の対話文を読んで，あとの問いに答えなさい。**〔大阪一改〕

Miki : Hi, Ben and Kenji. Do you like climbing mountains?

Ben : Yes. I often went to mountains in America.

Kenji : I like climbing mountains, too.

Miki : I joined an event for walking in mountains with my sister last Sunday. Please look at this.

Kenji : What is it?

Miki : It is the card I used in the event. We [ⓐ] Midori Park at nine o'clock in the morning, and then walked to the top of Mt. Tatsuno.

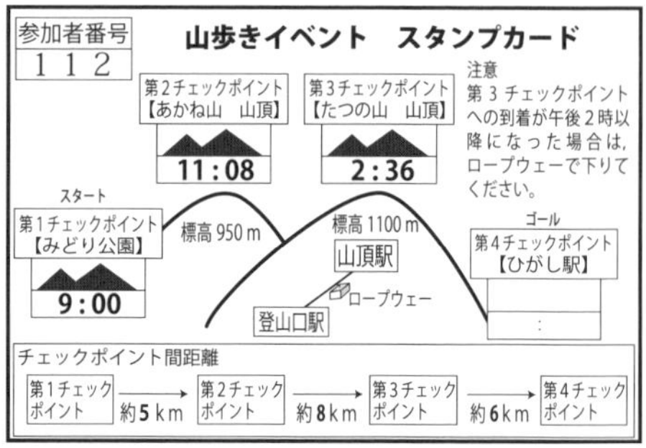

Ben : You didn't get a stamp at the [ⓑ] checkpoint. Why?

Miki : In this event, if people get to the checkpoint on Mt. Tatsuno after [ⓒ] o'clock in the afternoon, they have to go down to Tozanguchi Station by ropeway. So, we couldn't go to Higashi Station. On that day, my sister and I often stopped walking and took many pictures of trees and flowers. So, Ⓐ<u>we were late</u>.

Ben : I see. You walked about thirteen kilometers from Midori Park to the checkpoint on [ⓓ].

Miki : Yes. The forests were beautiful. We felt so good. Ben, have you ever climbed a mountain in Japan?

Ben : No, I haven't.

Miki : My sister and I are going to climb Mt. Tatsuno and go down to the Higashi Station next Sunday. How about coming with us?

Ben : Sure. I want to go with you.

Miki : Kenji, can you come, too?
Kenji : Of course. I think we can see the sea very well if we climb Mt. Tatsuno on a sunny day.

(1) 次のうち，本文中の[ⓐ]に入れるのに最も適切な語はどれですか。1つ選び，記号を書きなさい。(20点) [ ]

ア changed **イ** left **ウ** made **エ** sent

(2) 本文の内容から考えて，本文中の[ⓑ]～[ⓓ]のそれぞれに入れるのに最も適している語句の組み合わせはどれですか。1つ選び，記号を書きなさい。(20点) [ ]

ア ⓑ－third ⓒ－two ⓓ－Mt. Akane
イ ⓑ－fourth ⓒ－two ⓓ－Mt. Tatsuno
ウ ⓑ－third ⓒ－three ⓓ－Mt. Akane
エ ⓑ－fourth ⓒ－three ⓓ－Mt. Tatsuno

(3) 本文中の Ⓐwe were late の理由を具体的に述べたところが本文中にあります。その内容を日本語で書きなさい。(20点)
[ ]

(4) 本文の内容と合うように，次の問いに対する答えをそれぞれ英語で書きなさい。(20点×2)

① Do Ben and Kenji like climbing mountains?

______

② How many people will climb Mt. Tatsuno with Miki next Sunday?

______

ここをおさえる！

❶ 動詞の過去形には規則動詞(語尾に -(e)d をつける)と不規則動詞(不規則に変化する)がある。⇨ **1** (1)

❷ **英問英答**は，問いに合わせた文の形で答える。問いが Do〔Does / Did〕～? の文なら，Yes / No を使って答え，疑問詞を使った疑問文なら問われていることを具体的に答える。⇨ **1** (4)

Key Words
1 □ climb「登る」 □ top「頂上」 □ stamp「スタンプ」 □ checkpoint「チェックポイント」 □ ropeway「ロープウェー」 □ kilometer「キロメートル」 □ forest「森」

[　月　日]

第2日 基本構文を確認しよう ②

時間 40分　得点　/100

解答→別冊 3 ページ

1 次の英文を完成させるのに，(　)内に入る最も適切な語句をそれぞれ下から選び，記号で答えなさい。(6点×5)

(1) Baseball is (　　　) than basketball. 〔栃木一改〕
ア exciting　イ very exciting
ウ more exciting　エ the most exciting　[　　]

(2) Jane can speak Japanese (　　　) than Bob. 〔栃木一改〕
ア good　イ better
ウ best　エ well　[　　]

(3) The last question is (　　　) of all. 〔福島一改〕
ア difficult　イ as difficult as
ウ more difficult　エ the most difficult　[　　]

(4) Which do you like (　　　), this one or that one? 〔沖縄〕
ア good　イ well
ウ better　エ favorite　[　　]

(5) I think my idea is the (　　　). 〔長崎一改〕
ア good　イ well
ウ better　エ best　[　　]

2 次の英文が正しくなるように，文中の(　)内の語を必要があれば適切な形に直して書きなさい。(6点×5)〔山形一改〕

Mariko has three cats. Their names are "White", "Gray" and "Black" because their colors are white, gray and black. Black is the ①(old) of the three. White is the ②(young) of the three. Gray is as ③(small) as White. But they are ④(big) than Black. They have lived in Mariko's house for ⑤(many) than five years. Mariko likes playing with them. Her parents love them, too.

① ________　② ________　③ ________
④ ________　⑤ ________

3 **次の英文が正しくなるように，文中の①・②の(　)内にあてはまるグラフ(graph)をそれぞれ選び，記号で答えなさい。**（20点×2）〔愛知一改〕

Please look at these graphs. Graph 1 shows the temperature and the amount of rain and snow in Nagoya. The other graphs are about my city and the cities of my friends, Maria and Jeff. All of us come from the south part of the earth. Although it is summer now in Japan, it is winter in the south part of the earth. So, July is the coldest month in our countries.

Maria is from the warmest city in winter. They have more rain or snow in summer than in winter and the amount of rain in February is the largest in a year. The graph of her city is (①).

They have much rain in June and July in Jeff's city. The amount of rain and snow in his city in a year is larger than the amount in my city. The graph of his city is (②).

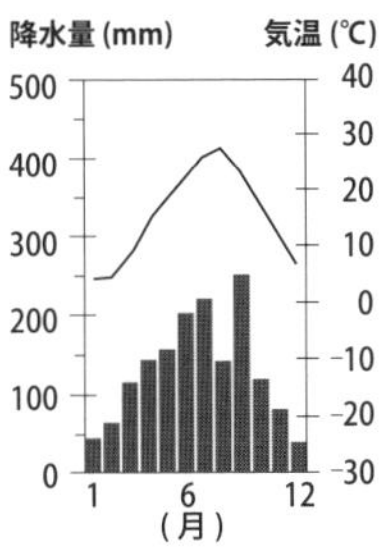

Graph 1

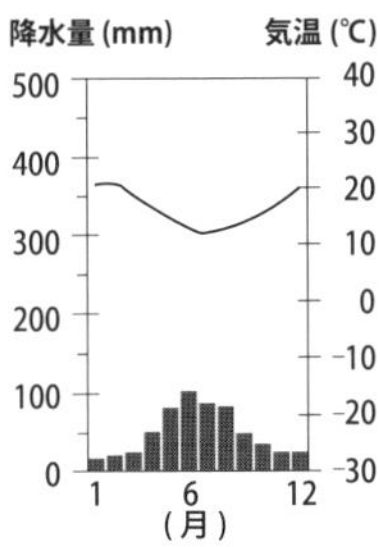

ア

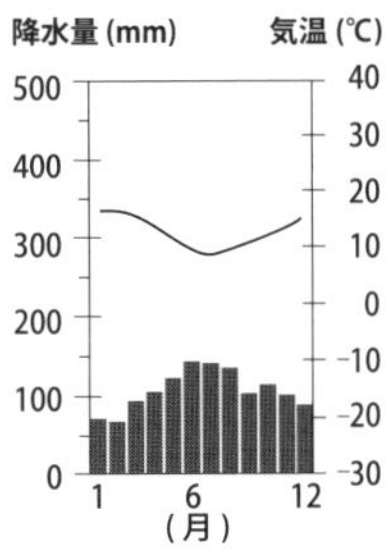

イ

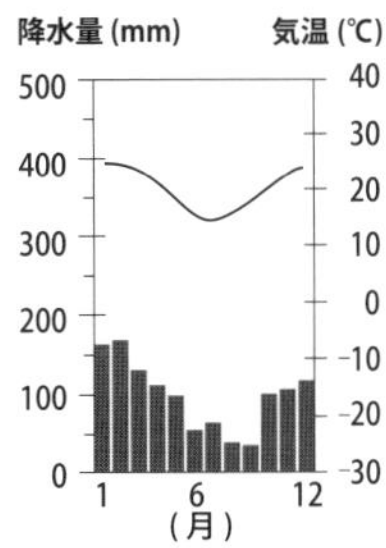

ウ

①[　　　] ②[　　　]

Check Points

❶ 比較級は形容詞・副詞の語尾に **-er**，最上級は **-est** をつける。長い語の場合には，形容詞・副詞の前に，比較級は **more**，最上級は **most** をつける。⇨ **1**，**2**

❷ as ～ as ...「…と同じくらい～」では，形容詞・副詞の**原級**を用いる。⇨ **2**

❸ 比較級の文では，何と何〔だれとだれ〕を比較しているのか，最上級の文では，「最も～」なのは，何〔だれ〕なのかに注意して読むことが大切である。⇨ **3**

Key Words

1 □ last「最後の」

3 □ temperature「気温」　□ amount「量」　□ although「～だけれども」

［　月　日］

第2日 入試実戦テスト

時間 30分　合格 80点　得点 ／100

解答→別冊3～4ページ

1 次の英単語を，それぞれのヒントと例文を参考にして完成させなさい。ただし，英単語の□には1文字ずつ入るものとする。なお，ヒントと例文の（ ）にはその英単語が入る。(20点×2)〔千葉〕

(1) s□□□□r　＿＿＿＿

ヒント　the hottest season of the year

例文　During my (　　) vacation, I went swimming every week.

(2) b□□□d　＿＿＿＿

ヒント　If you (　　) something, you make it from smaller parts.

例文　Many people were needed to (　　) this big temple.

2 次の英文を読んで，あとの問いに答えなさい。〔沖縄〕

Have you ever thought about food you eat every day? Where does it come from? How does it come to you?

A lot of food comes from many countries to Japan. And we use a lot of fuel when we carry the food from other countries. Using too much fuel is not good for the environment.

The distance food moves is called food mileage. Food mileage shows us how much fuel we use when we send food to other countries. If the food mileage is higher, it is bad for the environment. Look at the table. Japan buys a lot of food from many countries. Japan's food mileage is higher than the other three countries. It means Japan is not kind to the environment. We need to think about this.

Buying locally produced food is a good way to help the environment. So let's try locally produced food and be kind to the environment.

Food mileage of four countries

（単位：百万トンキロメートル）

Japan	Korea	USA	UK
900.2	317.2	295.8	188.0

出典：フードマイレージキャンペーンホームページ

(1) 次の文は左ページの英文をまとめたものです。文中の①～④の(　)内にあてはまる語を下の選択肢から選んで，その記号を書きなさい。(10点×4)

①[　　] ②[　　] ③[　　] ④[　　]

Japan buys a lot of food from many countries. So we use a lot of fuel to (①) food from other countries. Food mileage is the idea to be (②) to the environment. Japan's food mileage is the (③) of the four countries. For the environment, we can (④) locally produced food.

ア help **イ** kind **ウ** carry **エ** try **オ** higher **カ** highest

(2) 本文の内容と一致するものを下の**ア～エ**のうちから2つ選び，その記号を書きなさい。(10点×2) [　　][　　]

ア Japanese eat a lot of food from many countries.

イ Eating locally produced food isn't good for the environment.

ウ The food mileage of USA is higher than the food mileage of Korea.

エ The food mileage of UK isn't higher than the food mileage of USA.

ここをおさえる！

● 比較級の文で最上級の文と同じ意味を表すことができる。⇨ **2** (1)③

Key Words

1 □ part「部品」

2 □ fuel「燃料(石油)」 □ environment「環境」 □ distance「距離」
□ food mileage「フードマイレージ」 □ table「表」
□ locally produced food「地元で生産される食べ物」
□ UK「イギリス」

［　月　日］

第3日 基本構文を確認しよう ③

時間 40分　得点 ／100

解答→別冊5ページ

1 次の英文を完成させるのに，(　)内に入る最も適切な語句をそれぞれ下から選び，記号で答えなさい。(5点×4)

(1) My father uses an old desk [　　] in China fifty years ago.　〔神奈川〕
　ア make　イ making　ウ made　エ makes

(2) What is the language [　　] in Australia?　〔沖縄〕
　ア speaks　イ spoke　ウ spoken　エ speak

(3) I want something [　　].　〔沖縄〕
　ア drink　イ drinks　ウ to drink　エ drinking

(4) My sister learned [　　] to play the guitar.　〔神奈川〕
　ア but　イ as　ウ if　エ how

2 次の対話文と英文を読んで，下線部がそれぞれ正しい英文になるように，(　)内の語句を並べかえなさい。(10点×4)

(1) *A* : Look at the bird in the picture. This is *Yairocho* in Japan.　〔高知一改〕
　B : It's beautiful.
　A : Yes. It (a bird, in, seen, is) Kochi.
　It ＿＿＿＿＿＿＿＿＿＿＿＿＿＿＿＿＿＿ Kochi.

(2) *A* : My father said, "Living in another country is good (the language, you, learn, if, want, to, spoken) there."
　B : I think so, too.　〔長崎一改〕
　Living in another country is good ＿＿＿＿＿＿＿＿＿＿
　＿＿＿＿＿＿＿＿＿＿＿＿＿＿＿＿＿＿ there.

(3) ①Miho has (Australia, a brother, in, living). She will visit him next month. She wants to take pictures with koalas. ②So, she will (take, him, ask, to) her to the zoo.　〔徳島一改〕
　① Miho has ＿＿＿＿＿＿＿＿＿＿＿＿＿＿＿＿＿＿.
　② So, she will ＿＿＿＿＿＿＿＿＿＿＿＿＿＿ her to the zoo.

3 次の英文が正しくなるように，下線部①・②において，それぞれア～カの語句を並べかえて(　)に入れ，英文を完成させ，(　A　)～(　D　)に入る語句の記号を書きなさい。(10点×4)〔兵庫一改〕

Hello, Tom.
My high school life has just begun. Yesterday I had my first English class. In the class, my English teacher, Mr. Tamura, gave us interesting homework. He told ①(　　)(　A　)(　　)(　B　)(　　)(　　) want to visit. We have to explain why we want to go there in English.
I would like to write about Australia because you taught me a lot of things about it in your e-mail.
Mr. Tamura also said, "Reading is important to make your English better." So, please ②(　　)(　C　)(　　)(　D　)(　　)(　　) in easy English.
Yuji(^_^)

① ア we	イ write	ウ to	A［　　］
エ us	オ the country	カ about	B［　　］
② ア books	イ written	ウ some	C［　　］
エ tell	オ interesting	カ me	D［　　］

Check Points

❶ 現在分詞(-ing)「～している…」，過去分詞(-(e)d)「～されている〔された〕…」を含む語句で直前の名詞を修飾できる。⇨ **1** (1)(2)，**2** (1)(2)(3)①，**3** ②
The baby **sleeping** on the bed is my brother.
「**ベッドで眠っている赤ちゃん**は私の弟です」
This is the window **broken** by Tom.
「これは**トムによって割られた窓**です」

❷〈to＋動詞の原形〉の３つの用法(名詞的用法「～すること」・形容詞的用法「～するための〔すべき〕」・副詞的用法「～するために」)を理解しておく。⇨ **1** (3)，**2** (2)

❸〈to＋動詞の原形〉を使った表現を覚えておくこと。⇨ **2** (3)②，**3** ①
- 〈tell＋人＋to ～〉「(人)に～するように言う」
- 〈want＋人＋to ～〉「(人)に～してほしい」
- 〈ask＋人＋to ～〉「(人)に～するように頼む」　など

Key Words
3 □ begun「begin(始まる)の過去分詞」
□ explain「説明する」

[　月　日]

第3日 入試実戦テスト

時間 30分　合格 70点　得点 ／100

解答→別冊 5～6 ページ

1 **次の対話文を読んで，あとの問いに答えなさい。**〔愛媛一改〕

Satoshi : How was my speech, Ms. Williams?

Ms. Williams : It was very good, Satoshi. I understood your speech very well. So, your father takes a cooking course for men, right?

Satoshi : Yes. (A)<u>彼は私たちに夕食を作るために，それをとることを決めました。</u> He really enjoys the course at the adult education center.

Ms. Williams : I see.

Mr. Takagi : It offers many kinds of courses for adults. We can try something new there.

Ms. Williams : I think it's very important for adults to keep learning.

Mr. Takagi : I think so, too. One of my friends goes to the center to take piano lessons. She says some foreigners also take some courses there.

Ms. Williams : Really? (①) What courses are there at the adult education center?

Mr. Takagi : I'm sorry, but I don't know.

Satoshi : Ms. Williams, this is the leaflet of the courses at the adult education center.

Ms. Williams : Wow! Thank you, Satoshi. This is written in English.

Satoshi : Yes. It is for foreigners who want to take some courses there.

Ms. Williams : Well ... I'm interested in a *sado* course.

Mr. Takagi : There are three courses for them. I think you should take a course for beginners.

Ms. Williams : Then, I'll take the (②) evening course. Thank you, Satoshi and Mr. Takagi.

Satoshi : You're welcome. I hope you'll enjoy learning *sado*.

サトシのもらってきたリーフレット(leaflet)の一部

Day \ Time	13 : 30 ~ 15 : 00	19 : 00 ~ 20 : 30
Monday	*Shodo*	Piano for beginners
Tuesday	*Kado* for beginners	*Sado*
Wednesday	Cooking for women	*Shodo*
Thursday	*Sado*	*Kado* for beginners
Friday	*Shodo* for beginners	*Sado* for beginners
Saturday	Cooking for men	*Kado*

(1) 本文中の①・②の(　)内にあてはまるものをそれぞれ選び，記号で答えなさい。(20点×2)　①[　　] ②[　　]

① ア I won't do that.　イ I can't do that.

ウ I'll tell them to do that.　エ I also want to do that.

② ア Tuesday　イ Thursday

ウ Friday　エ Saturday

(2) 本文中の下線部(A)の日本文を英文にしなさい。(30点)

____

(3) 次の英文の内容が本文の内容に合うように，(　)内にあてはまるものを選び，記号で答えなさい。(30点)　[　　]

Satoshi's father (　　) at the adult education center.

ア learns how to play the piano　イ learns how to cook

ウ takes *sado* lessons　エ takes *shodo* lessons

ここをおさえる！

● 〈疑問詞＋to ～〉の用法をしっかりと理解しておくこと。⇨ **1** (3)

• how to ～「どう～すべきか，～のしかた」 • what to ～「何を～すべきか」

• where to ～「どこに～すべきか」 • when to ～「いつ～すべきか」 など

Key Words　**1** □ course「講座」 □ adult education center「カルチャーセンター」 □ offer「提供する」 □ foreigner「外国人」

［　月　日］

第4日 基本構文を確認しよう ④

時間 40分　得点 ／100

解答→別冊 7 ページ

1 **次の英文が正しくなるように，文中の①～⑤の(　)内にあてはまる語を下の語群から選んで書きなさい。**(6点×5)〔埼玉一改〕

Hello, everyone.

My name is Kate. I'm fifteen and I'm (①) Australia.

I came to Japan four days ago. This is my first time to Japan, (②) I want to visit many places.

First of all, I want to go to Kobe (③) my brother lives there. He is a student and is studying Japanese at college.

I have many hobbies. (④) example, I like listening to music. I'm also interested (⑤) Japanese language and culture. I want to teach Japanese to students in Australia in the future, so I want to learn a lot of things during my stay here.

語群〔 for, because, in, so, from, when 〕

① ______ ② ______ ③ ______ ④ ______ ⑤ ______

(記述) **2** **ある中学生が，英語の授業で友だちを紹介することになりました。下の□は，紹介したい友だちについての日本語のメモである。□内の(1)・(2)に適切な英語を入れて，原稿を完成させなさい。**(15点×2)〔栃木一改〕

・田中和広	・電車に詳しい	・野球が上手
・「カズ」と呼ぶ	・みんなに親切	・クラスの人気者

Hello, everyone. I'm going to talk about my friend.
His name is Tanaka Kazuhiro. (1)________ Kazu.
Kazu has many good points. He knows much about trains.
He plays baseball very well. (2)________ everyone.
So, he is popular in our class.
Thank you.

(1) ______________________ Kazu.

(2) ______________________ everyone.

3 次の対話文が正しくなるように，(　)内の語を並べかえなさい。ただし，(2)には不要な語が１つあるので，その語は使用しないこと。(8点×5)

(1) *A* : I'll go to Nagano with my family tomorrow. 〔愛媛〕
B : That sounds good. Enjoy your trip.
A : Thank you. I'll show (pictures, when, you, some) I come back.
I'll show ________________ I come back.

(2) *A* : What kind of teacher is your sister? 〔神奈川一改〕
B : She is a music (by, during, teacher, her, loved) students.
She is a music ________________ students.

(3) *A* : The song you are listening to is very famous, isn't it?
B : Yes. This song (her, made, popular, very).
This song ________________. 〔神奈川一改〕

(4) *A* : (I, questions, you, some, may, ask)? 〔宮崎一改〕
B : Sure.
________________?

(5) *A* : (this, is, what, river, called)? 〔鹿児島一改〕
B : This river is called the Sendai River.
________________?

Check Points

❶ 前置詞・接続詞の意味をそれぞれ理解しておくこと。⇨ **1**, **2** (2), **3** (2)

❷ **第４文型〈動詞＋目的語(人)＋目的語(もの)〉**の組み立て⇨ **3** (1)(4)
show「見せる」, give「与える」, ask「尋ねる」, make「作る」などの動詞を使う。
He **gave** me a nice present.「彼は私にすてきなプレゼントをくれました」
→ (人)＝me　(もの)＝a nice present

❸ **第５文型〈動詞＋目的語(A)＋補語(B)〉**の組み立て⇨ **2** (1), **3** (3)(5)
• call A B「AをBと呼ぶ」　• make A B「AをB(の状態)にする」など
I **named** this dog Goro.「私はこのイヌをゴロウと名づけました」
→ A＝this dog　B＝Goro　※ name A B「AをBと名づける」

Key Words
1 □ hobby「趣味」
3 □ trip「旅行」

［　月　日］

第4日 入試実戦テスト

時間 30分
合格 80点
得点 ／100

解答→別冊 7 ～ 8 ページ

1 **次の英文を読んで，あとの問いに答えなさい。**〔岡山一改〕

Last summer was special for my brother, Takuya. He was six years old then.

One day in August, my family went to my uncle's home in a village. (　①　) we were swimming in the river, a small black thing fell from a big tree near the river. It was ⓐa big beetle. Takuya brought the beetle to our house. We never had an animal in our house, (　②　) he was very glad about his new friend.

Takuya began to [　ⓑ　] the beetle. He put him in a cage and ⓒgave him food every day. Sometimes his younger sister, Yuka, tried to play with the beetle, (　③　) Takuya didn't like that. He always had the cage with him when he was playing or when he was sleeping. The beetle became his best friend.

On the last day of August, a sad thing happened to Takuya. The beetle stopped moving, and he cried. It was a very sad evening for him. He wanted him to begin to move again the next day.

The next morning he got up early and looked at his friend. Then アhe realized that イhe was not alive. ウHe put him into a small box, and went to the garden with it. エHe buried the beetle and put some flowers there. オHe didn't move and said nothing for a long time.

A few days later, Takuya didn't look sad. I thought that he was trying to forget the beetle. But when we went to bed in the evening, he suddenly said in a small voice, "He died." "Yes, he did," I said in a gentle voice. "Now listen, Takuya. I know you are sad (　④　) you lost your friend. But all the things that have life can't live forever. So we should know that life is important. And it is also important to love and take care of things that are alive. This is the thing your friend wanted to tell you." He said, "Thank you, my friend. I will remember you forever," and smiled. I smiled, too.

He learned ⓓimportant things from his little friend last summer.

(1) ①～④の(　)にあてはまる語を下から選んで答えなさい。(10点×4)

〔 so, but, when, because 〕

① ＿＿＿＿　② ＿＿＿＿　③ ＿＿＿＿　④ ＿＿＿＿

(2) 下線部ⓐを言いかえたものは，二重線**ア～オ**のうちではどれですか。記号で答えなさい。(10点)　[　　]

(3) [ⓑ]に入れるのに最も適切な連続する英語3語を本文中から抜き出して答えなさい。(10点)

＿＿＿＿　＿＿＿＿　＿＿＿＿

(4) 下線部ⓒとほぼ同じ意味になるように，空所に適語を入れなさい。(10点)

gave ＿＿＿＿ ＿＿＿＿ him every day

(5) 下線部ⓓの内容を表すものを2つ選び，記号を答えなさい。(15点×2)

[　　][　　]

ア 兄弟仲よくすることの大切さ　**イ** 限りある命の大切さ

ウ 生き物を愛し，世話をすることの大切さ　**エ** 自然のすばらしさ

ここをおさえる！

❶ 主な接続詞の意味をしっかりとマスターしておく。また，文と文をつなぐ接続詞は，あとに〈主語＋動詞～〉が続いていることにも注意。⇨ **1** (1)

so「それで(結果)」，because「～だから(理由)」，if「もし～ならば」，

but「しかし(逆接)」，when「～のとき」 など

❷ 第4文型と第3文型の書きかえに慣れておくこと。⇨ **1** (4)

give A B ⇄ give B **to** A「AにBを与える」

make A B ⇄ make B **for** A「AのためにBを作る」 など

- for を使うもの……make, buy, sing　など
- to を使うもの……give をはじめとする多くの動詞

Key Words

1 □ beetle「カブトムシ」　□ cage「かご」　□ realize「悟る，わかる」

□ alive「生きている」　□ buried「bury(埋める)の過去形」

□ in a ～ voice「～声で」　□ gentle「優しい」　□ forever「永遠に」

［　月　日］

第5日 基本構文を確認しよう ⑤

時間 40分　得点 ／100

解答→別冊 9～10 ページ

1 **次の英文が正しくなるように，文中の①～④の(　)内の語を１語で適切な形にして書きなさい。**（10点×4）〔長崎一改〕

Hello, nice to meet you. I'm Takahashi Yoko. I'm from Nagasaki, Japan. I like ①(play) basketball. Before coming to America, I worried about food. But all the food I've ②(eat) here is very nice. I have a brother. He has ③(be) here for two years to study music. He always says that a lot of things can be ④(learn) in America, and he said that I should study in a foreign country, too. I'm looking forward to talking with foreign people who have different ideas. So, I decided to study in America. If you have any questions about Japan, I'll be happy to answer.

Thank you.

① ________　② ________　③ ________　④ ________

2 **次の(1)・(2)の対話文が正しくなるように，(　)にあてはまるものを下から１つ選び，記号で答えなさい。**（10点×2）

(1) *Jiro* : This is my house. Please come in.　〔岩手一改〕
Beth : Oh, it's beautiful!
Jiro : Please make yourself at home.
Beth : Thank you. (　　) have you lived here?
Jiro : Since I was seven.

ア How many　イ How old
ウ How long　エ How much　［　　］

(2) *Mr. Gray* : Have you ever been to Canada?　〔滋賀一改〕
Miki : (　　) I want to go there some day.

ア Yes, I have.　イ No, I haven't.
ウ Yes, I do.　エ No, I don't.　［　　］

3 **次の英文を読んで，あとの問いに答えなさい。**〔宮城一改〕

This summer I enjoyed a homestay in America. Judy was my host sister. One day Judy and I visited her friend in the hospital. I was surprised (①) I saw interesting people there. I thought they were clowns. I asked Judy about them. She said, "They are hospital clowns. ②<u>Clowns are usually seen in circuses</u>, but there are also clowns who visit hospitals. Sick children can laugh and play with them." She also said that children always wanted to see the hospital clowns. I thought, "③<u>I (them, seen, like, have, people, never) in Japan.</u>" I became interested (④) them.

(1) 文中の①と④の( )にあてはまる語をそれぞれ選び，記号で答えなさい。

(5点×2)

① ア at　　イ to　　ウ if　　エ because

[　　]

④ ア by　　イ in　　ウ for　　エ to

[　　]

(2) 下線部②の英文を日本文にしなさい。(10点)

[　　　　　　　　　　　　　　　　]

(3) 下線部③が「私は日本で彼らのような人々を一度も見たことがありません」の意味になるように，( )内の語を並べかえなさい。(20点)

I ______________________________ in Japan.

Check Points

❶ 現在完了の３用法の違いを理解しておくこと。⇨ 1, 2, 3

- **完了**「(ちょうど)～したところです」(**already**, **just** などとともに)
- **継続**「(ずっと)～しています」(**for**, **since**, **how long** などとともに)
- **経験**「(今までに)～したことがあります」(**ever**, **never** などとともに)

❷ 受け身(be 動詞＋過去分詞)の形を理解しておくこと。⇨ 1, 3

受け身の文の疑問文・否定文は, be 動詞のある文と同じように考えればよい。

Key Words

1 □ worry「心配する」　2 □ make oneself at home「くつろぐ」

3 □ homestay「ホームステイ」　□ clown「道化役者」

□ circus「サーカス」　□ laugh「笑う」　□ play with ～「～と遊ぶ」

［　　月　　日］

第5日 入試実戦テスト

時間 30分　合格 70点　得点 ／100

解答→別冊10ページ

1 **次の対話文を読んで，あとの問いに答えなさい。**〔福島一改〕

Mary : ①I have just read a book about words. It was very interesting.

Ken : Tell me something about it.

Mary : ②In Japanese, different words such as *kome*, *gohan* and *ine* are used for "*rice*". But in English, the word "*rice*" is used for all of these Japanese words. It happens the other way, too.

Ken : [Ⓐ]

Mary : Take the word "*ushi*" in Japanese, for example.

Ken : "*Ushi*"? O.K.

Mary : In English, we have several (ⓐ) words for that, such as cow, bull, and calf.

Ken : (ⓑ) are there so many English words for "*ushi*"?

Mary : Well, the book says that *ushi* has a close relation to the lives of English people. Rice has an important role in Japanese culture. So Japanese people use a lot of (ⓒ) words for it.

Ken : I see. So, words such as cow, bull, and calf are used because *ushi* is an important animal in your culture.

Mary : [Ⓑ] It is really interesting to learn about these things.

(1) 下線部①と同じ用法の現在完了形を次から選び，記号で答えなさい。(15点)

［　　］

ア I have never been to America.

イ He has already finished his homework.

ウ How long has she lived in Japan ?

エ I have studied English for three years.

(2) 下線部②の理由として述べられている1文を，本文中からそのまま書き抜きなさい。(15点)

____

(3) [Ⓐ]，[Ⓑ]に入る最も適切な文を次から1つずつ選び，記号で答えなさい。(15点×2)　Ⓐ[　　]　Ⓑ[　　]

ア　That's right.

イ　What's the matter?

ウ　You're welcome.

エ　What do you mean?

オ　I am wrong.

(4) ⓐ，ⓒには同じ語が入ります。最も適切な語を次から1つ選び，記号で答えなさい。(10点)　[　　]

ア　kinds　　**イ**　any　　**ウ**　many　　**エ**　different

(5) 会話の流れに合うように，ⓑに入る最も適切な語を次から1つ選び，記号で答えなさい。(15点)　[　　]

ア　Who　　**イ**　What　　**ウ**　When　　**エ**　Why

(6) 次の文のうち，本文の内容として間違っているものを1つ選び，記号で答えなさい。(15点)　[　　]

ア　メアリーが読んだ本は，難しすぎて，彼女には理解できなかった。

イ　日本語では，「米」を表すために，いろいろな単語が使われている。

ウ　英語では，「牛」を表すために，いろいろな単語が使われている。

エ　ことばは，そのことばが使われる国の文化と深い関係がある。

ここをおさえる！

❶ 適文・適語を補充する問題では，文章全体で何を言っているのかをつかみ，文の流れに不自然さがないように注意すること。⇨ **1** (3)(4)(5)

❷ 会話表現は，あいさつなどの決まった言い方をたくさん覚えておこう。⇨ **1** (3)

❸ 疑問詞で始まる疑問文に対して答える場合のポイントは，次のとおり。⇨ **1** (5)

- what →「何」であるか　• who →「人」　• when →「時」
- where →「場所」　• why →「理由」　• whose →「持ち主」

Key Words

1 □ such as「～のような」　□ happen「起こる」
□ several「いくつかの，さまざまな」　□ cow「雌牛(めうし)」　□ bull「雄牛(おうし)」
□ calf「子牛」　□ close「密接な」　□ relation「関係」　□ role「役割」

［　月　日］

第6日　基本構文を確認しよう ⑥

時間 40分　得点 ／100

解答→別冊 11 ～ 12 ページ

1 次の英文が正しくなるように，(　)内にあてはまる語を下から選んで答えなさい。(同じ語を２回使ってもかまいません。) (6点×5)〔三重―改〕

Keiko is fourteen years old. She has an uncle (①) has a store in a small village.

Last year Keiko went to her uncle's store. His store was between a beautiful river (②) a tall tree. At the store he sells a lot of things (③) people in the village need. For example, books, dictionaries, pencils, and flowers. She asked (④) he sells flowers. He answered, "There are a lot of flowers in my garden. I like flowers very much. The people (⑤) live in this village like flowers, too."

〔 which, who, and, so, why, what 〕

① ________　② ________　③ ________
④ ________　⑤ ________

2 次の対話文が成り立つように，(　)内の語を正しく並べかえなさい。

(10点×3)

(1) *A* : Do you know (will, what, he, time) finish his work?
B : Yes, I do. He will finish his work at six. 〔神奈川―改〕
Do you know ____________________ finish his work?

(2) *A* : We will have a new student tomorrow. 〔佐賀―改〕
B : Do you know (he, from, is, where)?
A : No, but I know his name.
Do you know ____________________?

(3) *A* : The stories (us, wrote, she, make, very, which, happy), don't they? 〔神奈川―改〕
B : Yes, her stories are always interesting.
The stories ____________________, don't they?

3 **次の対話文を読んで，あとの問いに答えなさい。**（20点×2）〔長崎一改〕

Nancy : Excuse me. I want to go to this museum on this map.
Yuko : Oh, I know it. Shall I take you there?
Nancy : Thank you very much. I came to Nagasaki a week ago, and many people have helped me. They were very kind.
Yuko : I'm glad to hear that. Are you a tourist?
Nancy : No, I'm a university student in Nagasaki City. Have you visited the museum?
Yuko : Yes, I have. You can see many interesting things about Japanese history and culture there.
Ten minutes later :
Yuko : Can you see that building? <u>That is (visit, to, you, the museum, want).</u>
Nancy : Wow! It's very beautiful. Thank you for helping me.
Yuko : You're welcome.

(1) 下線部の意味が通るように，(　)内の語句を並べかえなさい。

That is ________________________________.

(2) 次の質問の答えとして最も適切なものを選び，記号で答えなさい。

[　　]

How long has Nancy been in Nagasaki?

ア For one week.　　イ For one year.　　ウ For five years.

Check Points

❶ 間接疑問文の語順に注意すること。間接疑問文では**疑問詞のあとが〈主語＋動詞〉**となり，**肯定文と同じ語順**になる。⇨ **2** (1)(2)

❷ **関係代名詞の使い分け**

先行詞	主格	目的格
人	who, that	that
人以外	which, that	which, that

- 先行詞(関係代名詞の直前にある名詞)が人か人以外かで使い分ける。⇨ **1**
- 目的格の関係代名詞は省略することができる。⇨ **3** (1)

Key Words
1 □ village「村」
3 □ tourist「旅行者」　□ university「大学」　□ culture「文化」

[　　月　　日]

第6日 入試実戦テスト

時間 30分　合格 80点　得点　／100

解答→別冊 12 ページ

1 次の会話文を読んで，あとの問いに答えなさい。〔愛知一改〕

Yuko : Hi, Kate. Would you like to see some pictures of my childhood?

Kate : Yes. I would like to see them.

Yuko : (　ⓐ　)

Kate : (　ⓑ　)

Yuko : (　ⓒ　)

Kate : (　ⓓ　)

Yuko : (　ⓔ　)

ア To join in a ceremony when we are three, five, and seven.
イ Why are you wearing a *kimono* in the pictures?
ウ Here you are. Do I look nice in a *kimono*?
エ Well, my father took the pictures when I was seven years old.
オ Yes, you do. You look happy in these pictures.

Kate : That is interesting. Do you often wear a *kimono*?

Yuko : Well, my mother always wears one when she teaches *ikebana* to her students. But I don't wear a *kimono* so often.

Kate : [　Ⓐ　] ①I think you should wear a *kimono* more often (　　) it is a Japanese tradition.

Yuko : Putting on a *kimono* is not easy. We usually need someone's help.

Kate : Oh, I didn't know that.

Yuko : ②Why (　　) you wear a *yukata*, a summer *kimono*? ③Putting on a *yukata* is easy. We will wear *yukatas* and go to see fireworks in August. You can join us.

Kate : [Ⓑ] Thank you.
Yuko : Japanese people love to see fireworks. I am sure you will like them.

(1) [　] 内の**ア〜オ**の英文を，会話文中のⓐ〜ⓔにあてはめて会話文として最も適切なものにし，記号で答えなさい。ただし，いずれも１回しか使えません。(10点×5)

ⓐ[　　] ⓑ[　　] ⓒ[　　]
ⓓ[　　] ⓔ[　　]

(2) [Ⓐ], [Ⓑ] にあてはまる最も適切なものを次から選び，記号で答えなさい。ただし，いずれも１回しか使えません。(10点×2)

ア That's great.
イ No. But my father does.
ウ I'm very glad to see you.
エ I'm sorry to hear that.
オ Yes. I think so.
カ Don't worry.

Ⓐ[　　] Ⓑ[　　]

(3) 下線部①，②が，会話の中の文として最も適切なものとなるように，(　) にあてはまる語をそれぞれ１語書きなさい。(10点×2)

① ________ ② ________

(4) 次の文が下線部③とほぼ同じ意味になるように，空所に適語を１語書きなさい。(10点)

________ is easy to put on a *yukata*.

ここをおさえる！

● **不定詞の名詞的用法と動名詞の書きかえ**をしっかりとマスターしておく。⇨ **1** (4)
不定詞の名詞的用法も動名詞も，ともに**「〜すること」**の意味になる。
「英語を話すことはやさしい」**Speaking** English is easy for me.
To speak English is easy for me.
It is easy for me **to speak** English.

Key Words
1 □ childhood「子ども時代」 □ ceremony「儀式」
□ tradition「伝統」 □ put on 〜「〜を着る」
□ someone「だれか」 □ firework「花火」

[　　月　　日]

第7日 読解力をのばそう ①
―対話文―

時間 40分　得点　／100

解答→別冊 13 ページ

1 **次の対話文が正しくなるように，（　）にあてはまる文を下から選び，記号で答えなさい。**（20点×3）〔岐阜―改〕

(1)（電話で）

Bill : Hello, this is Bill. May I speak to Tomoko?
Tomoko : Hello, this is Tomoko. How are you?
Bill : Good. What are you doing now?
Tomoko : I'm just watching TV.
Bill : (　　　)
Tomoko : That sounds nice.

ア Would you like to play tennis with me?
イ That's too bad.
ウ Do you have to finish your homework?
エ Are you watching a movie?　[　　]

(2)（家庭で）

Mother : You look sad. (　　　)
Linda : I lost my CD. Father gave it to me on my birthday.
Mother : Oh, I see. I'll help you to look for it.

ア Don't worry about it.　イ Who is your favorite singer?
ウ What happened?　エ You need to go to bed soon.
[　　]

(3)（英語の授業で）

Mr. Brown : How was your trip to America?
Yukiko : (　　　)
Mr. Brown : Did you enjoy the trip to America?
Yukiko : Yes. I had a good time. I want to go there again.

ア I didn't go to America.
イ When did you go to America?
ウ Yes. I'm fine, thank you.
エ Could you say that again?　[　　]

2 **次の対話文が正しくなるように，(①)～(④)にあてはまる最も適切なものを下から１つずつ選び，記号で答えなさい。**（10点×4）〔宮崎一改〕

Tom : Oh, no! The movie has already started, Kate.
Kate : Really? (①)
Tom : It starts at one. (②)
Kate : Two hours? It's so long.
Tom : Shall we go shopping and have lunch before the movie?
Kate : OK. That's a good idea.
Tom : The movie will finish at three thirty. What shall we do after the movie?
Kate : (③) I have to go back home before five. It is my father's birthday today. So, we will have a birthday party for him. It will start at six thirty. My mother will begin to make dinner at five, and I have to help her.
Tom : (④) I hope you will have a good time with your family tonight.

ア We have to wait for two hours. **イ** Sorry, Tom.
ウ Oh, I see. **エ** When does the next one start, Tom?
オ We have watched for two hours. **カ** No, thank you.

①[ ] ②[ ] ③[ ] ④[ ]

Check Points

❶ 電話での会話でよく使われる表現を覚えておくこと。⇨ **1** (1)
- Hello.「もしもし」 • This is ～.「(こちらは)～です」 など

❷ Shall we ～?, Shall I ～? の文 ⇨ **2**
- **Shall we ～?** は **「(いっしょに)～しましょうか」** と相手を誘うときに使う表現。
→答えるときは，Yes, let's.「はい，しましょう」，OK.「わかりました」，No, let's not.「いいえ，やめておきましょう」などのように答える。
- **Shall I ～?** は **「(自分が)～しましょうか」** と提案するときに使う表現。
→答えるときは，Yes, please.「はい，お願いします」や No, thank you.「いいえ，結構です」などのように答える。

Key Words
1 □ Would you like to ～?「～するのはいかがですか」
□ Could you ～?「～していただけませんか」

［　月　日］

第7日 入試実戦テスト

時間 30分　合格 80点　得点 /100

解答→別冊 13 ～ 14 ページ

1 次の対話文を読み，あとの問いに答えなさい。〔兵庫一改〕

Mr. James : Excuse me. May I speak with you?

Kenta : Yes.

Mr. James : My name is James White. Are you from Japan?

Kenta : Yes. I'm from Japan. [①] I'm Suzuki Kenta.

Mr. James : Are you going to New York?

Kenta : Yes. I'm going to stay at my friend's house in New York during the summer vacation.

Mr. James : Oh, I live in New York. What's your friend's address?

Kenta : Wait a minute. [②]

Mr. James : Oh, it's a [③] world! I live near your friend's house. I know the family very well. We often go to dinner together. The other day, they said to me, "A Japanese boy will stay with us this summer." That's you!

Kenta : Wow! It's great to be able to meet a man living near my friend's house.

Mr. James : I'm happy to meet you. What do you want to do in New York?

Kenta : I want to watch a major league baseball game. I like baseball very much. Do you know Shohei Otani? He is a very famous baseball player in Japan.

Mr. James : Of course, he is very popular among us. Your friend's family and my family often go to watch the baseball games together. Why don't you come to watch a game with us?

Kenta : That's a good idea. I'm happy to hear that. I'll have a good time in New York.

(1) [①]には，初めて会った人にするあいさつの表現が入る。この場面にふさわしい英文を書きなさい。(20点)

____

(2) [②]には，人に何かを手渡すときに使われる表現が入る。次の空所に適する語を入れて，この場面にふさわしい英文を完成しなさい。(20点)

Here ________ ________.

(3) [③]に入る適切な語を次から１つ選び，記号で答えなさい。(20点)

[　　]

ア high　**イ** small　**ウ** short　**エ** big

(4) 次の質問に，主語と動詞のある英文で答えなさい。(20点)

What are Kenta and Mr. James going to do in New York?

____

(記述) (5) この会話のあと，ケンタは何か飲みたくなった。ケンタは客室乗務員にどのように頼めばよいか，適切な英文を書きなさい。(20点)

____

ここをおさえる！

● **人に何かを依頼するときの表現** ⇨ **1** (5)

英語では一般に長い表現ほど，ていねいな表現だとされる。次の例はすべて窓を開けてくれるように頼む表現であるが，下のものほどていねいな表現である。

1. Open the window.
2. Please open the window.
3. Can you open the window?
4. Will you open the window?
5. Would〔Could〕 you open the window?
6. Would you open the window, please?
〔Would you please open the window?〕

弱 ↕ 強　**ていねいさの程度**

1. は「～しなさい」，それ以外は「～してください」と訳せばよい。

Key Words

1 □ May I ～?「～してもよいですか」　□ address「住所」
□ the other day「先日」　□ be able to ～「～することができる」
□ major league「メジャーリーグ(アメリカのプロ野球の大リーグ)」

［　月　日］

第8日 読解力をのばそう ②
—物語文—

時間 40分　得点　／100

解答→別冊 15 ページ

1 **次の英文を読んで，あとの問いに答えなさい。**〔新潟—改〕

Mariko is a high school student. She likes studying English, and she is very (①) in America. Last summer she went to Illinois to study English. She stayed with Mr. and Mrs. Brown for four weeks.

When Mariko arrived (②) their home, Mrs. Brown said to her, "This is your home in America, Mariko. There is some food in the kitchen. If you are hungry, go to the kitchen and eat something." Mariko didn't think it was good to go into the kitchen and eat Mr. and Mrs. Brown's food on the first day. She was very hungry then, and she wanted to eat their food, but ③she couldn't.

In the evening, Mrs. Brown was making dinner in the kitchen and ④looked very busy. Mariko was reading a book in her room. Then Mrs. Brown said to her, "Can you help me, please?"

(1) (①)に適する語を次から選び，記号で答えなさい。(10点)　［　　］

ア interesting　**イ** interested　**ウ** interest　**エ** interests

(2) (②)に適する語を次から選び，記号で答えなさい。(10点)　［　　］

ア at　**イ** to　**ウ** of　**エ** on

(3) 下線部③が完全な文になるように，空所に適語を書きなさい。(15点)

she couldn't ＿＿＿＿ ＿＿＿＿ ＿＿＿＿.

(4) 下線部④が完全な文になるように，空所に適語を書きなさい。(15点)

＿＿＿＿ looked very busy.

2 **次の英文を読んで，あとの問いに答えなさい。**〔兵庫—改〕

Ted was a quiet boy. He was not so good (①) sports and he did not have good friends. He knew that he had many bad points but he did not know any of his good points.

One day, his teacher came into the classroom with a boy. She introduced him to the class. "His name is Jim. He will be your new friend." "Nice to meet you. I am Jim. Be my friends, please," said the boy. The teacher said, "Ted, Jim will sit ②(　　　)(　　　) you. Please show your books to him." Ted nodded without saying a word. After the morning classes, Jim said, "Will you eat lunch with me?" Ted nodded again.

From that day, Ted and Jim began their school life together. Jim was a very active boy. He always tried to do things without help. Ted wanted to be like Jim but he knew that ③he couldn't.

(1)（　①　）に適する語を書きなさい。(10点)

＿＿＿＿＿

(2) 下線部②が「あなたのとなりに」の意味になるように，（　）に適する語を書きなさい。(15点)

＿＿＿＿＿　＿＿＿＿＿

(3) 下線部③が完全な文になるように，空所に適語を書きなさい。(15点)

he couldn't ＿＿＿＿＿ ＿＿＿＿＿ ＿＿＿＿＿.

記述 (4) 次の質問に主語と動詞のある英文で答えなさい。(10点)

What did the teacher ask Ted to do?

＿＿＿＿＿＿＿＿＿＿＿＿＿＿＿＿＿＿＿＿

＿＿＿＿＿＿＿＿＿＿＿＿＿＿＿＿＿＿＿＿

Check Points

● **語句の省略⇨ 1 (3)(4), 2 (3)**

英語では，語句が省略されることがよくある。語句が省略されているときは，頭の中で，**その省略を補いながら読む**ことが大切である。

- では，省略がおこるのはどうしてか？　→わかりきっている部分だから。
- では，なぜわかりきっているのか？　→前の部分と同じだから。

ということになる。つまり，**省略を補うためには，それより前の部分で，同様の表現を探せばよい**のである。

Key Words

1 □ Illinois「イリノイ(アメリカ合衆国の州)」

2 □ point「点」　□ introduce ～ to …「～を…に紹介する」

□ nodded「nod(うなずく)の過去形」　□ active「活発な」

［　　月　　日］

第8日 入試実戦テスト

時間 40分　合格 70点　得点 ／100

解答→別冊 16 ページ

1 **次の英文を読んで，あとの問いに答えなさい。**〔北海道一改〕

I became interested in music when I was thirteen years old. One evening, I heard a very beautiful song on TV. The voice was wonderful, the melody was smooth and natural, and the sound was very warm. I wanted to know what the song's name was.

So, the next day, I decided to visit the music teacher's room after school. Mr. James, our music teacher, was reading a musical score at his desk when I went into his room.

"Excuse me, Mr. James. I have a question about music." I said to him. Mr. James said, "Sure, Ann. What is it?"

"I'd like to know what you call this song. May I sing it here?" I asked him.

"OK, Ann, I'll listen," Mr. James said.

"La-la-la-lah-la, la-la-la-la, la-la-lah." I sang the melody I still remembered then.

He was surprised and said to me, "Oh, you have a beautiful voice, Ann! It's an Irish song called 'Londonderry Air.' Wait! I think there's a CD with that song in this room. Let's listen to it together." Then he looked for the CD.

"Oh, I found it. Look! Here you are," he said.

"Can I listen to it here?" I asked.

"Yes, of course," he answered and played the CD.

"This is it, Mr. James! (①) Thank you very much! I really like it!" I was excited to have the answer.

Since that day, 'Londonderry Air' has been one of the songs I love the most.

After that, listening to music became part of my life. I joined the music club, and have enjoyed singing with my friends since then. Music has given me a lot of friends and good memories.

I learned about the joy of music in that way. Now, I can't think of living without music.

(1) 本文の内容に合うように，①の(　)内にあてはまるものを選び，記号で答えなさい。(30点)　[　　]

ア This is the question I asked.

イ This is the CD I bought yesterday.

ウ This is the song I heard.

エ This is the movie I watched on TV.

(2) 本文の内容から考えて，次の問いに対する答えとして適切なものを選び，記号で答えなさい。(30点)　[　　]

Why did Mr. James look for the CD in the music teacher's room?

ア Because he wanted Ann to listen to 'Londonderry Air.'

イ Because he wanted to sell the CD.

ウ Because he wanted Ann to read the musical score of 'Londonderry Air.'

エ Because he wanted to use the CD in his music lessons.

(3) 本文の内容と合わないものを選び，記号で答えなさい。(40点)　[　　]

ア Ann went to the music teacher's room because she wanted to know the song's name.

イ Ann visited Mr. James when he was reading a musical score in the music teacher's room.

ウ Ann was surprised because Mr. James didn't know the melody she sang.

エ Ann has enjoyed singing with her friends since she joined the music club.

ここをおさえる！

● 物語文では，「本文の内容に合う〔合わない〕ものを選ぶ」という問題がよく出題される。**「だれが」「いつ」「どこで」「何をしたか」**を正確に把握する。⇨ **1**(3)

Key Words

1
- □ melody「旋律」
- □ smooth and natural「流れるように自然な」
- □ musical score「楽譜」
- □ Irish「アイルランドの」
- □ Londonderry Air「ロンドンデリー・エア(アイルランド民謡)」

［　　月　　日］

第9日 読解力をのばそう ③
—図・グラフ—

時間 40分　得点 ／100

解答→別冊 17 ページ

1 下のグラフは，先週，中学生の **Mariko** がピアノの練習をした時間を表しています。このグラフから読み取れることを正しく表している文として，最も適当なものを１つ選び，その記号を書きなさい。（20点）〔三重〕

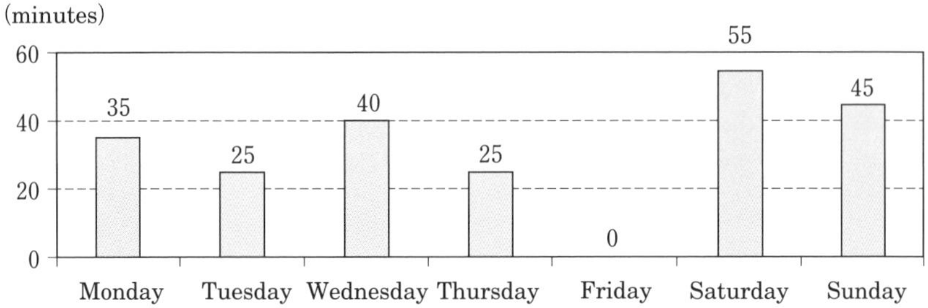

ア　Last Sunday, Mariko practiced playing the piano the longest.
イ　Mariko practiced playing the piano every day last week.
ウ　Mariko played the piano longer on Monday than on Saturday.
エ　Mariko played the piano on Tuesday as long as on Thursday.

［　　］

2 次のグラフは，北海道のある都市の月ごとの降水量を表しています。グラフから考えて，(1)，(2)の［　　］に入る適当な英語１語をそれぞれ書きなさい。

（20点×2）〔北海道〕

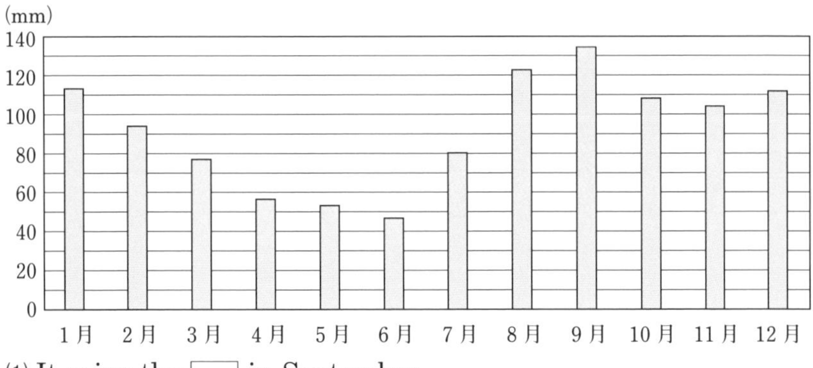

(1) It rains the ［　　］ in September.　＿＿＿＿＿＿

(2) It rains about 80 mm in March and ［　　］.　＿＿＿＿＿＿

3 **次の英文を読み，グラフの項目(　A　)～(　D　)に入る最も適切なものを，下のア～エから１つずつ選び，記号で答えなさい。**(10点×4)〔宮崎―改〕

Do you see any foreigners who travel around Miyazaki? A lot of foreigners have visited Japan to enjoy many things.

Please look at the graph. It shows what these foreigners wanted to enjoy before they visited Japan. More than 50 percent of the foreigners wanted to enjoy shopping and Japanese food. Japanese food was the most popular among them. Also, hot springs were not as popular as scenery.

Miyazaki is a good place for sightseeing. We want more foreigners to know about Miyazaki. What can you do about this?

外国人観光客が訪日前に期待していたこと(複数回答・抜粋)

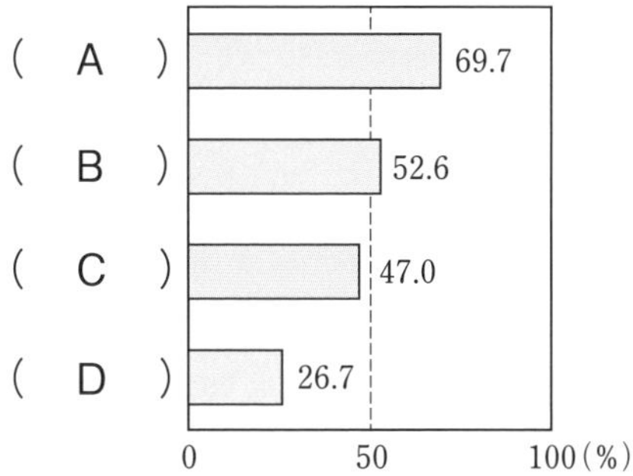

ア 温泉　　**イ** 日本食　　**ウ** 風景　　**エ** 買い物

A[　　]　B[　　]　C[　　]　D[　　]

Check Points

❶ **グラフの数値に着目しよう。**数値を比較したり，数値を読み取って内容を判断したりする問題がよく出題される。⇨ **1**～**3**

❷ **数値とよく一緒に使われる表現を覚えよう。**⇨ **2**, **3**

- more than「～より多い」　• less than「～より少ない」
- about「およそ」　• the most「一番」
- as ～ as …「…と同じくらい～」　など

Key Words

2 □ rain「雨が降る」
3 □ hot spring 「温泉」

［　　月　　日］

第9日 入試実戦テスト

時間 40分　合格 80点　得点　／100

解答→別冊 17 ～ 18 ページ

1 **次の英文は，高校生の紀子(Noriko)が，英語の授業で行った，グルメコンテスト(contest)についてのスピーチの原稿です。これを読み，あとの問いに答えなさい。**〔和歌山―改〕

We have a school festival every year. The festival has a contest. In the contest, students make lunch. There are four teams in the contest. Each team uses food from Wakayama. The team (①) makes the best lunch wins the contest.

We had the festival last week. My friends and I wanted to make the best lunch in the contest. We were the members of Team 1. We made *ume* hamburgers. Team 2 made peach pizza. Team 3 made persimmon sandwiches. Team 4 made orange curry.

Five judges decided the points of originality, appearance, and taste. The audience voted for their favorite lunch and decided the points of popularity. We got 25 points in popularity.

During the contest, a lot of people came to eat our lunch. Our team worked very hard to win the contest, but the winner was Team 3. We were second. In both originality and taste, persimmon sandwiches got more points than *ume* hamburgers. In originality, three teams got the same points. In appearance, persimmon sandwiches and *ume* hamburgers got the same points. When we saw the results, we were sad. We couldn't win the contest.

We want to win the contest next year. I should do many things to do so. Here is one (②). I should make lunch every Sunday. I'll do my best.

(1) 空所①，②に入る最も適切な語をそれぞれ1つずつ選び，記号で答えなさい。(20点×2)　①［　　］　②［　　］

① ア when　イ which　ウ what　エ how
② ア example　イ day　ウ lunch　エ fact

(2) 本文の内容に合うように，次の(　　)にあてはまる最も適切なものを，下のア～エの中から1つ選び，その記号を書きなさい。(20点)　[　　]

Noriko (　　) in the contest.

ア decided the points of originality
イ was a member of Team 2
ウ made persimmon sandwiches with her friends
エ wanted to make the best lunch

(3) 次のグラフは，グルメコンテストの得点結果です。本文の内容に合うように，グラフの［A］～［D］にあてはまる4つの評価の観点(originality, appearance, taste, popularity)を，下のア～エの中から1つずつ選び，その記号を書きなさい。(10点×4)

The Results of the Contest

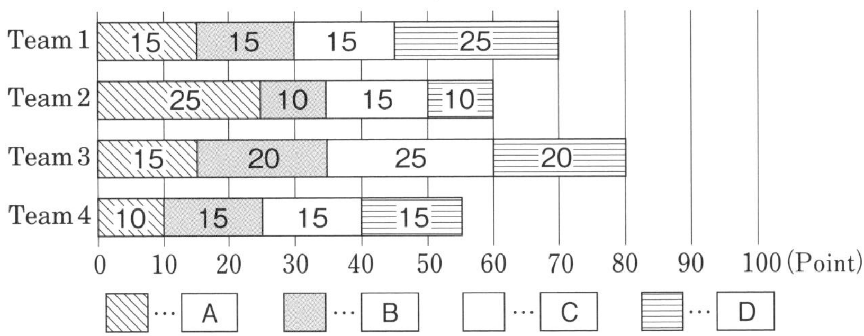

ア originality　イ appearance　ウ taste　エ popularity

A[　　]　B[　　]　C[　　]　D[　　]

ここをおさえる！

● 本文の内容を踏まえた上で，図やグラフを用いた問題が出題されることがある。ここでも数値が非常に重要な判断材料になるため，本文と照らし合わせながら慎重に判断しよう。⇨ **1** (3)

Key Words

1 □ food「食材」　□ persimmon sandwich「柿のサンドイッチ」
□ judge「審査員」　□ point「点数」　□ appearance「見た目」
□ taste「味」　□ audience「観客」　□ vote for ～「～に投票する」
□ popularity「人気」　□ result「結果」

[　月　日]

第10日 読解力をのばそう ④
―資料・ポスター―

時間 40分　得点　／100

解答→別冊 19 ページ

1 次は，水族館(aquarium)のイベントのお知らせです。これを読んで，あとの問いに答えなさい。〔千葉〕

A WONDERFUL NIGHT AT THE AQUARIUM

Have you ever seen sea animals at night? What do they do? Eat? Sleep? Take a bath? Let's find the answers together!

Saturday, April 10th
From 6 p.m. to 9 p.m.

Choose one of the 4 tours!

	Tour A	Tour B	Tour C	Tour D
6:00 p.m. － 6:30 p.m.	♠	♥	♣	♦
6:30 p.m. － 7:00 p.m.	♥	♣	♦	♠
7:00 p.m. － 7:30 p.m.	♣	♦	♠	♥

♠ Feeding the fish　　♥ Playing with the seals
♣ Walking with the penguins　　♦ Taking pictures with the dolphins

☆ Enjoy delicious dishes for dinner at our restaurant under the water from 7:30 p.m. You can enjoy watching the fish there!

Please tell us which tour you want to join by Friday, April 9th.
Send us a message here. ☞ https://www.aqua.enjoy

(1) このお知らせの内容をもとに，次の英文の(　　)に入る言葉として最も適当なものを，あとの**ア**～**エ**のうちから1つ選び，その記号を書きなさい。(20点)

If you want to play with the seals, you should not choose (　　).

ア Tour A　　**イ** Tour B
ウ Tour C　　**エ** Tour D　　[　　]

(2) このお知らせの内容に合っているものを，次の**ア**～**エ**のうちから1つ選び，その記号を書きなさい。(20点)　[　　]

ア　You can enjoy this event at the aquarium for six hours.
イ　You cannot eat anything while you are enjoying this event.
ウ　You can decide which tour you will join after you arrive at the aquarium.
エ　You cannot spend time with all four kinds of sea animals in one tour.

2 次の英文を読み，（　①　）～（　⑤　）にあてはまる単語をあとの〔　〕内からそれぞれ１語選び，<u>必要があれば適切な形に変えて</u>書きなさい。（60点）〔群馬〕

A　　　　　　　　B

Have you ever seen these pictures? Both A and B are pictures of a hot spring. In picture A, what are the three people doing? They are（　①　）a bath. This is the new picture that shows a hot spring. Last week, I（　②　）to a hot spring with my family. We were（　③　）when we found picture A there. It was different from the picture I knew. In Japan, people have used picture B for a long time. These days, many people from other countries（　④　）Japan, so now picture A is also used for them. They say picture A is better because they can（　⑤　）it easily.

〔 give　go　look　surprise　take　understand　visit 〕

①________　②________　③________　④________　⑤________

Check Points

● 資料やポスターを使った設問でよく出てくる表現をおさえよう。
• show「～であると示している」　• choose「～を選ぶ」など

Key Words
1 □ feed「えさを与える」　□ seal「アザラシ」　□ penguin「ペンギン」
2 □ hot spring「温泉」

［　月　日］

第10日 入試実戦テスト

時間 40分　合格 80点　得点 ／100

解答→別冊 20 ～ 21 ページ

1 次のまほろば市が作成したイングリッシュキャンプ参加者募集のポスターの一部を読んで，あとの問いに答えなさい。〔奈良一改〕

Mahoroba City ENGLISH CAMP 2021

Let's enjoy speaking English and have fun with ALTs in Mahoroba City!

Place　**Mahoroba River Park**

Date　**July 31 (Saturday) - August 1 (Sunday)**

〔*The participants will meet at Mahoroba Station at 1 p.m. on July 31.〕

Who Can Join　**Students who live in Mahoroba City (9 -15 years old)**

*Students who have not joined this camp before can apply.

*Parents cannot join this camp.

*The meeting before the camp will be held at Mahoroba City Hall at 10 a.m. on July 24.

*Don't worry about your English skills. ALTs will help you.

Cost　**¥3,000**

How to Apply　**Please visit the website: http//www.mhrbcityenglishcamp.jp**

〔*You need to apply on the website by June 30.〕

PROGRAM *Some of the activities will be changed if it rains.

DAY 1 (7/31)	Afternoon	★Self-introduction ★Playing games
	Evening	★Cooking (Let's make pizza!) ★Campfire (Let's sing English songs!)
DAY 2 (8/1)	Morning	★Walking in the park ★Learning cultures (ALTs will talk about their countries.)

(1) 次の**ア**～**エ**のそれぞれの生徒について，キャンプの参加条件に合う生徒には○を，そうでない生徒には×を書きなさい。(5点×4)

ア A student who joins the camp with parents.

イ A student who joined the camp last year.

ウ A student who lives in Mahoroba City and is 13 years old.

エ A student who lives in Sento City and is 15 years old.

ア ＿＿＿＿　イ ＿＿＿＿　ウ ＿＿＿＿　エ ＿＿＿＿

(2) ①，②の問いに対する答えとして最も適切なものを，それぞれあとの**ア**～**エ**から１つずつ選び，その記号を書け。(20点×2)

① Where will the participants meet at 1 p.m. on July 31? [　　]

ア At Mahoroba River Park.

イ At Mahoroba Station.

ウ At Mahoroba Junior High School.

エ At Mahoroba City Hall.

② Which is true about the camp? [　　]

ア The participants need to speak English well to join the camp.

イ The participants can learn foreign cultures from ALTs on the morning of DAY 1.

ウ If students want to join the camp, they must visit Mahoroba City Hall by June 30.

エ If it is rainy, the activities for the camp will be changed.

(記述) (3) 次の２つの質問に英語で答えなさい。ただし，主語と動詞がある文で答えること。(20点×2)

① How much is the cost if you want to join the English camp?

____

② Where should the participants go to attend the meeting on July 24?

____

ここをおさえる！

● 資料やポスターの内容を読み取るタイプの問題で大切なことは２つ。１つ目は，**「必ず先に設問や選択肢に目を通す」**こと。そうすることによって，資料のどの部分に特に注意して読めばよいかがわかる。２つ目は**「資料についてわかったことは簡潔にメモしながら解く」**こと。資料を使ったタイプの問題は，設問と資料の間で，視線を何度も行き来させなければいけないことが多い。時間ロスを防ぐためにも，資料の内容は日本語でメモを書いておこう。

Key Words

1 □ camp「キャンプ」 □ participant「参加者」 □ apply「申し込む」
□ city hall「市役所」 □ cost「費用」 □ self-introduction「自己紹介」
□ campfire「キャンプファイヤー」

総仕上げテスト

時間 50分
合格 70点
得点
／100

解答→別冊 21 ～ 23 ページ

1 **次は，留学生のクリス(Chris)が，アメリカの家族にあてた絵はがきに書いた英文です。下の□内の日本語を参考にし，①～④の(　)内にあてはまる英語1語を書きなさい。ただし，答えはすべて(　)内に指示された文字で書き始めなさい。**(5点×4)〔神奈川一改〕

July 31

Dear My family,

Hi!　How are you?　I'm writing this postcard at the top of Mt. Fuji.

Mt. Fuji is the ①(h　　　) mountain in Japan.　Many people climb this mountain ②(d　　　) the summer every year.

My Japanese friend Aika and her father brought me here.　We left Aika's house ③(y　　　) and stayed at the eighth station of Mt. Fuji last night.　This morning we got up early, got to the top and saw the wonderful sunrise.　I'm not ④(t　　　).　I feel very happy.

With love,
Chris

7月31日

家族のみんなへ

こんにちは。お元気ですか。私はこの絵はがきを富士山頂で書いています。

富士山というのは日本でいちばん高い山です。たくさんの人たちが，毎年夏の間にこの山を登ります。

日本人の友だちのアイカと彼女のお父さんがここに連れてきてくれました。私たちは昨日アイカの家を出て，昨夜は富士山の8合目に泊まりました。今朝は早起きして，山頂に着き，そしてすばらしい日の出を見ました。疲れてはいません。とても幸せな気持ちです。

ではまた，
クリス

①＿＿＿＿　②＿＿＿＿　③＿＿＿＿　④＿＿＿＿

2 **次の対話文を読んで，あとの問いに答えなさい。**〔茨城一改〕

Haruki : Hello. What are you going to do this weekend?

Tom : I don't have any plans. Why do you ask?

Haruki : My family is going to watch a baseball game tomorrow. My brother is going to play. Would you like to come with us?

Tom : I'd love to. ①(played, how, has, long, he) baseball?

Haruki : For eight years. ②He plays baseball very well.

Tom : What time will the game begin?

Haruki : At 7 : 30 in the morning.

Tom : At 7 : 30? It begins so early! I won't have time to eat breakfast.

Haruki : Don't worry. My mother will make delicious sandwiches for us.

Tom : That's perfect.

Haruki : Let's meet in front of the ballpark at 7 : 00. Do you know the place?

Tom : Yes, I do.

Haruki : OK. See you then. I think the game will be fun.

（注） delicious「とてもおいしい」 sandwich「サンドイッチ」 ballpark「野球場」

(1) 下線部①の(　)内の語句を正しく並べかえ，英文を完成させなさい。(10点)

______________________ baseball?

(2) 下線部②を下の英文のように言いかえたとき，____に入る適切な英語１語を書きなさい。(5点) He is a very good baseball ________.

(3) 次の英文はトムがその日のうちに書いた日記です。対話文の内容に合うように，①・②の(　)内にあてはまる語をそれぞれ書きなさい。(5点×2)

> Tomorrow I'm going to watch a baseball game with Haruki's family. I have to (①) up very early in the morning, but I don't have to worry about my breakfast. It's not difficult to get there because I know (②) the ballpark is. I think I will have a good time tomorrow.

① ________ ② ________

3 **次の英文を読んで，あとの問いに答えなさい。**〔沖縄一改〕

What do you do when you want information? We can use TV, books, radio, and the Internet to get information. The Internet began in the US in the 1960's and only a few people used it. Now, it has become very popular and useful, so a lot of people in the world use it in their daily lives. You can send e-mails, watch movies, listen to music, and of course, get information if you use the Internet.

But, some people use the Internet for bad purposes. For example, when you get an e-mail from someone you don't know, the e-mail may be a computer virus and the virus will do damage to your computers or steal your important information. Please think hard when you use something very popular and useful like the Internet.

（注） the 1960's「1960 年代」 computer virus「コンピュータウイルス」
do damage to ～「～に被害を与える」 steal「ぬすむ」

(1) 次の英文は上の本文をまとめたものです。①～④の(　)内にあてはまる適切な語を本文中から抜き出して，その単語を書きなさい。ただし，答えとなる単語は一度しか使いません。(5点×4)

We can (①) information if we (②) TV, books, radio and the Internet. Only a few people used the Internet when it (③) in the 1960's, but now many people use it. The Internet is very useful and popular, but we must (④) hard when we use it.

① ________ ② ________ ③ ________ ④ ________

(2) 本文の内容と合うものを選び，記号で答えなさい。(15点) [　　]

ア Information we get on the Internet is very popular.

イ There are some people who don't use the Internet for good purpose.

ウ We should not send some books to someone we don't know.

エ Someone you don't know may steal a computer virus from your computer.

4 **次の英文を読み，①，②にあてはまる語句を３語以上でそれぞれ書きなさい。**（10点×2）〔熊本〕

Ms. Jones : Did you enjoy our class?

Suzu : Yes, I did. Well, I think it's more fun to speak English, but my classmates like [①].

Ms. Jones : Really? Why do you think so?

Suzu : Our English teacher, Ms. Tanaka asked us which English activities we liked. Please look at Graph 1.

Ms. Jones : It's interesting. What does Graph 2 show?

Suzu : It shows that many of us enjoy pair activities. Also, most of us try to share our ideas even when we don't know how to say them in English. However, we don't use English very much other than during English lessons. So, I think we should [②] during our lessons.

Ms. Jones : Wonderful! If you try to do so, your English will be better. I want you to speak to me more often.

（注） graph「グラフ」 pair「ペア」 other than ～「～以外に」

Graph 1　好きな英語の活動（複数回答）

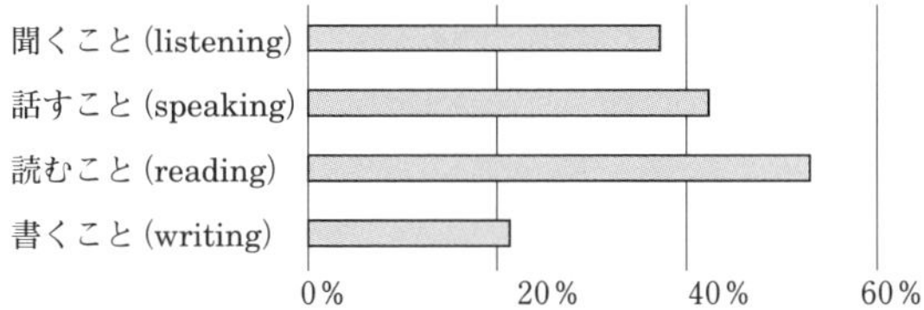

Graph 2　英語の学習について

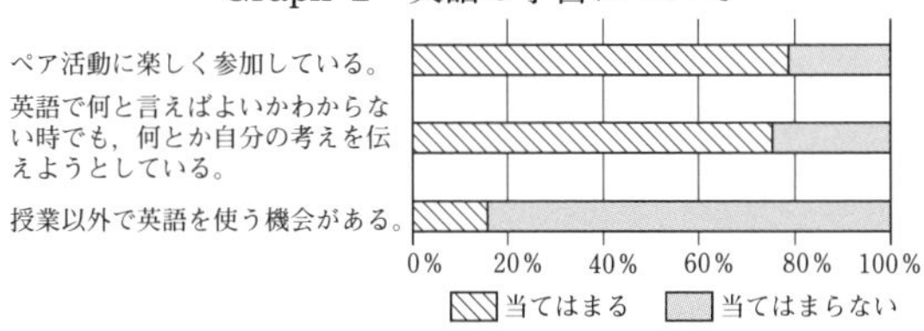

① ______________________ ② ______________________

試験における実戦的な攻略ポイント５つ

①問題文をよく読もう！

問題文をよく読み，意味の取り違えや読み間違いがないように注意しよう。
選択肢問題や計算問題，記述式問題など，解答の仕方もあわせて確認しよう。

②解ける問題を確実に得点に結びつけよう！

解ける問題は必ずある。試験が始まったらまず問題全体に目を通し，自分の解けそうな問題から手をつけるようにしよう。
くれぐれも簡単な問題をやり残ししないように。

③答えは丁寧な字ではっきり書こう！

答えは，誰が読んでもわかる字で，はっきりと丁寧に書こう。
せっかく解けた問題が誤りと判定されることのないように注意しよう。

④時間配分に注意しよう！

手が止まってしまった場合，あらかじめどのくらい時間をかけるべきかを決めておこう。
解けない問題にこだわりすぎて時間が足りなくなってしまわないように。

⑤答案は必ず見直そう！

できたと思った問題でも，誤字脱字，計算間違いなどをしているかもしれない。ケアレスミスで失点しないためにも，必ず見直しをしよう。

受験日の前日と当日の心がまえ

前日

- 前日まで根を詰めて勉強することは避け，暗記したものを確認する程度にとどめておこう。
- 夕食の前には，試験に必要なものをカバンに入れ，準備を終わらせておこう。
  また，試験会場への行き方なども，前日のうちに確認しておこう。
- 夜は早めに寝るようにし，十分な睡眠をとるようにしよう。もし翌日の試験のことで緊張して眠れなくても，遅くまでスマートフォンなどを見ず，目を閉じて心身を休めることに努めよう。

当日

- 朝食はいつも通りにとり，食べ過ぎないように注意しよう。
- 再度持ち物を確認し，時間にゆとりをもって試験会場へ向かおう。
- 試験会場に着いたら早めに教室に行き，自分の席を確認しよう。また，トイレの場所も確認しておこう。
- 試験開始が近づき緊張してきたときなどは，目を閉じ，ゆっくり深呼吸しよう。

解答・解説

第1日 基本構文を確認しよう ①

▶pp.4〜5

1 ①エ　②ウ　③イ

2 ①famous for
②years old

3 (1)ウ　(2)ア

解説

1 ①「彼女の大好きな時間」
②「ピアノで人気のある歌を演奏すること」
③「部屋を掃除する」

全文訳

ハルコとミドリ，ミキは親友です。

ハルコはスポーツが大好きです。彼女は学校のバスケットボールチームの一員です。だから，彼女の大好きな時間は，バスケットボールをすることができるので，放課後です。

ミドリはピアノをとても上手に弾きます。彼女はピアノで人気のある歌を演奏することが好きです。ハルコとミキは，よくミドリのピアノに合わせていっしょに歌います。

ミキは毎日家で，彼女のお母さんを手伝います，なぜなら彼女の家族には今，赤ちゃんがいるからです。彼女は部屋を掃除したり，お母さんのかわりに買い物に行ったりします。

2 ①「〜で有名である」は be famous for 〜 で表す。
②「樹齢は千年以上」を「年齢は千歳以上」と言いかえる。〜 year(s) old「〜歳」

全文訳

私はあなたがたに三春町の滝桜について話します。

それは日本で最も人気のある桜の木の1つです。春には，その花をつけた枝の様子が滝のように見えます。その木はすばらしい姿と美しい花で有名です。その樹齢は千年以上だそうです。

3 (2) How many times 〜?「何回〜」
ユミの最後の発言から，月・水・金曜日の3回だとわかる。

全文訳

ジェーン：タクヤ，あなたは，いつバレーボールをし始めたの？
タクヤ：中学生のときに始めたんだよ。
ジェーン：あら，そうなの。ユミ，あなたは？
ユミ：友だちといっしょにこの前の4月に始めたのよ。あなたはオーストラリアで何かスポーツをしていたの？
ジェーン：ううん，あんまり。でも，日本にいる間にスポーツをしたいなあ。
ユミ：じゃあ，私たちのクラブでバレーボールをいっしょに練習しない？
ジェーン：いい考えね。やってみたいわ。
ユミ：私たちは放課後，体育館で月曜日，水曜日，金曜日に練習しているわ。
ジェーン：わかったわ。

入試実戦テスト pp.6〜7

1 (1)イ　(2)イ
(3)**ミキと彼女の姉〔妹〕がしばしば歩くのをやめて，木や花の写**

➡ひっぱると，はずして使えます。

真をたくさん撮ったから。
(4)①Yes, they do.
②Three people will.

解説

1 (1) スタート地点のみどり公園に「9：00」と書いてあるので，「9時にみどり公園を出発した」と考える。
(2) それぞれスタンプカードの内容を見て考える。
ⓑ スタンプがないのは第4チェックポイント。
ⓒ「第3チェックポイントへの到着が午後2時以降になった場合は，ロープウェーで下りてください」と書いてある。
ⓓ みどり公園から約13 kmの地点にあるのは第3チェックポイントのたつの山。
(3) So「だから」の前に書かれている内容が理由。
(4)① Ben and Kenji を they にかえて答える。
② 〈How many＋複数名詞 ～?〉で「いくつの～」と数を尋ねている。

ミス注意！ ②How many people が主語の will を使った疑問文なので，答えるときは〈～ will.〉と答える。

全文訳
ミキ：こんにちは，ベンとケンジ。あなたたちは山登りは好き？
ベン：うん。ぼくはアメリカでよく山へ行ったよ。
ケンジ：ぼくも山登りは好きだよ。
ミキ：私はこの前の日曜日に姉〔妹〕と山を歩くイベントに参加したの。これを見てくれる？
ケンジ：それは何？
ミキ：それは私がイベントで使ったカードよ。私たちは午前9時にみどり公園を出発して，それからたつの山の頂上まで歩いたの。
ベン：きみたちは第4チェックポイントのスタンプをもらわなかったんだね。どうして？
ミキ：このイベントでは，もし人々が午後2時以降にたつの山のチェックポイントに着いたら，その人たちはロープウェーで登山口駅に下りなくてはならないの。だから，私たちはひがし駅へは行けなかったのよ。その日，姉〔妹〕と私はしばしば歩くのをやめて，木や花の写真をたくさん撮ったの。だから，私たちは遅れてしまったの。
ベン：なるほど。きみたちはみどり公園からたつの山のチェックポイントまで約13 km歩いたんだね。
ミキ：そうよ。森がきれいだったわ。私たちはとても気分がよかったわよ。ベン，あなたは今までに日本で山に登ったことはある？
ベン：いいや，ないよ。
ミキ：姉〔妹〕と私は今度の日曜日，たつの山に登って，ひがし駅へ下りる予定なの。私たちといっしょに来ない？
ベン：いいよ。きみたちといっしょに行きたいな。
ミキ：ケンジ，あなたも来られる？
ケンジ：もちろん。もし晴れの日にたつの山に登ったら，海がとてもよく見えると思うよ。

第2日 基本構文を確認しよう ②

▶pp.8〜9

1 (1)**ウ** (2)**イ** (3)**エ** (4)**ウ** (5)**エ**

2 ①oldest ②youngest ③small ④bigger ⑤more

3 ①**ウ** ②**イ**

解説

1 (1) 直後に than があるので，比較級と判断する。

(2) 直後に than があるので，比較級と判断する。well「上手な」の比較級は better。

(3) 直後に of all があるので，最上級と判断する。

(4) Which do you like better, A or B? で「A と B ではどちらがより好きですか」という言い方。

(5) 直前に the があるので，最上級と判断する。

2 ①② 直前に the があり，直後に of the three があるので，最上級と判断する。

④⑤ 直後に than があるので，比較級と判断する。

全文訳

　マリコは3匹のねこを飼っています。彼らの名前は「ホワイト」，「グレー」，「ブラック」です。彼らの(毛の)色が，白，灰色，黒だからです。ブラックは3匹の中で最も年上です。ホワイトは3匹の中で最も年下です。グレーは，ホワイトと同じくらいの小ささです。しかし，彼らはブラックよりも大きいです。彼らはマリコの家に5年より長く住んでいます。マリコは彼ら(ねこ)と遊ぶのが好きです。彼女の両親も彼ら(ねこ)のことが大好きです。

3 ① the warmest city in winter「冬に最も暖かい都市」

② The amount of rain and snow in his city in a year is larger than the amount in my city.「彼の都市の1年の雨と雪の量は私の都市の量よりも多いです」

全文訳

　これらのグラフを見てください。グラフ1は名古屋の気温と降水量を示しています。そのほかのグラフは，私の都市と私の友だちのマリアとジェフの都市についてのものです。私たちはみんな南半球の出身です。今，日本では夏だけれども，南半球では冬です。だから，私たちの国々では7月が最も寒い月なのです。

　マリアは冬に最も暖かい都市の出身です。夏は冬より雨や雪が多く，2月の降水量は1年で最も多いです。彼女の都市のグラフは**ウ**です。

　ジェフの都市では6月と7月に雨が多いです。彼の都市の1年の雨と雪の量は私の都市の量よりも多いです。彼の都市のグラフは**イ**です。

入試実戦テスト pp.10〜11

1 (1)summer (2)build

2 (1)①**ウ** ②**イ** ③**カ** ④**エ**
(2)**ア，エ**

解説

1 (1) ヒント「1年で最も暑い季節」
〈例文〉「夏休みの間，私は毎週泳ぎに行きました」

(2) ヒント「もしあなたが何かを組み立て

るなら，それをより小さな部品から作ります」
〈例文〉「多くの人々がこの大きな寺を建てるのに必要とされました」

2 (1)「日本は多くの国からたくさんの食べ物を買います。だから私たちは他の国から食べ物を運ぶためにたくさんの燃料を使います。フードマイレージは環境に優しくするための考えです。日本のフードマイレージは4つの国の中で最も高いです。環境のために，私たちは地元で生産される食べ物を試すことができます」

ミス注意！ ③本文中では比較級を使っているが，ここでは後ろに of が続いているので最上級を使う。
Japan's food mileage is higher *than* the other three countries.
=Japan's food mileage is the highest *of* the four countries.

全文訳

あなたは今までにあなたが毎日食べる食べ物について考えたことはありますか。それはどこから来るのでしょう。それはどのようにあなたのところへ来るのでしょう。

たくさんの食べ物が多くの国から日本へやって来ます。そして私たちは，ほかの国から食べ物を運ぶときにたくさんの燃料を使います。あまりに多くの燃料を使うことは環境にとってよくありません。

食べ物が移動する距離はフードマイレージと呼ばれます。フードマイレージは，私たちがほかの国に食べ物を送るときにどのくらいの量の燃料を使うかを，私たちに示しています。もしフードマイレージがより高ければ，それは環境に悪いのです。表を見てください。日本は多くの国からたくさんの食べ物を買います。日本のフードマイレージはほかの3つの国より高いのです。それは日本が環境に優しくないということを意味します。私たちはこれについて考える必要があります。

地元で生産される食べ物を買うことは環境を助けるよい方法です。だから地元で生産される食べ物を試して，環境に優しくなりましょう。

第3日 基本構文を確認しよう ③

▶pp.12〜13

1 (1)**ウ** (2)**ウ** (3)**ウ** (4)**エ**

2 (1)is a bird seen in
(2)if you want to learn the language spoken
(3)①a brother living in Australia
②ask him to take

3 ①A**ウ** B**カ** ②C**カ** D**オ**

解説

1 (1) made in China「中国で作られた」
(2) spoken in Australia「オーストラリアで話されている」
(3) something to drink「何か飲み物」
(4) how to 〜「どう〜すべきか，〜のしかた」

2 (1) a bird seen in Kochi「高知で見られる鳥」
(2) want to 〜「〜したい」, the language spoken there「そこで話されている言語」
(3)① a brother living in Australia「オーストラリアに住んでいるお兄さん〔弟さん〕」
② 〈ask＋人＋to 〜〉「（人）に〜するように頼む」

全文訳

(1) *A*：写真の中の鳥を見て。これは日本の八色鳥（やいろちょう）だよ。
B：美しいね。
A：うん。高知で見られる鳥なんだ。

(2) *A*：私の父は,「別の国に住むことは，もしお前がそこで話されている言語を学びたいのであれば，よいことだ」と言っていたわ。
B：ぼくもそう思うよ。

(3)ミホにはオーストラリアに住んでいるお兄さん〔弟さん〕がいます。彼女は来月，彼を訪ねます。彼女はコアラといっしょに写真を撮りたいと思っています。だから，彼女は彼に，彼女を動物園に連れていってくれるように頼むつもりです。

3 ①〈tell＋人＋to 〜〉「（人）に〜するように言う」
② some interesting books written in easy English「簡単な英語で書かれた何冊かのおもしろい本」

全文訳

こんにちは，トム。
ぼくの高校生活はちょうど始まったところです。昨日，ぼくは最初の英語の授業を受けました。授業では，英語の先生のタムラ先生が，ぼくたちにおもしろい宿題を出しました。彼はぼくたちに自分たちが訪れたいと思っている国について書くように言いました。ぼくたちはなぜそこへ行きたいのか，英語で説明しなくてはなりません。
ぼくは，きみがぼくにEメールでオーストラリアについてたくさんのことを教えてくれたので，それについて書きたいと思っています。
タムラ先生はこうも言いました。「読むことはきみたちの英語をよりよくするために大切なことです」だから，どうかぼくに簡単な英語で書かれたおもしろい本を何冊か教えてください。
ユウジ

入試実戦テスト pp.14〜15

1 (1)①**エ** ②**ウ**
(2)例 He decided to take it to

make dinner for us.
(3)イ

解説

1 (1)① 続いてカルチャーセンターにどんな講座があるのか尋ねている。
② 初心者向けの茶道の講座があるのは金曜日の晩。
(2)「～することを決める」は decide to ～,「～するために」は〈to＋動詞の原形〉で表す。

> **ミス注意！** (2)「～するために」は前置詞 for「～のために」ではなく，〈to＋動詞の原形〉で表す。
> He decided to take it to make dinner for us.

(3) how to cook「料理のしかた」

全文訳

サトシ：ぼくのスピーチはどうでしたか，ウィリアムズ先生。
ウィリアムズ先生：とてもよかったわよ，サトシ。私はあなたのスピーチをとてもよく理解したわ。それで，あなたのお父さんは男性向けの料理講座をとっているのよね？
サトシ：はい。彼は私たちに夕食を作るために，それをとることを決めました。彼はカルチャーセンターでその講座を本当に楽しんでいます。
ウィリアムズ先生：なるほど。
タカギ先生：そこは大人向けのたくさんの種類の講座を提供していますよ。私たちはそこで何か新しいことに挑戦することができます。
ウィリアムズ先生：大人にとって学び続けることはとても大切だと思います。
タカギ先生：私もそう思います。私の友人の１人はピアノのレッスンを受けるためにセンターへ行っています。彼女は，何人かの外国人もそこでいくつかの講座をとっていると言っています。
ウィリアムズ先生：本当ですか？　私もそうしたいです。カルチャーセンターにはどんな講座があるのですか？
タカギ先生：すみませんが，私は知らないんです。
サトシ：ウィリアムズ先生，これはカルチャーセンターの講座のリーフレットです。
ウィリアムズ先生：まあ！　ありがとう，サトシ。これは英語で書かれているのですね。
サトシ：はい。それはそこでいくつかの講座をとりたい外国人のためのものです。
ウィリアムズ先生：そうね…私は茶道の講座に興味があります。
タカギ先生：彼らのための３つの講座がありますね。あなたは初心者向けの講座をとるべきだと思いますよ。
ウィリアムズ先生：それでは，私は金曜日の晩の講座をとろうと思います。ありがとう，サトシとタカギ先生。
サトシ：どういたしまして。茶道を学ぶのを楽しめるといいですね。

第4日 基本構文を確認しよう ④

▶pp.16〜17

1 ①from ②so ③because ④For ⑤in

2 (1) I〔We〕 call him 〔He is called〕
(2)He's〔He is〕 kind to

3 (1)you some pictures when
(2)teacher loved by her
(3)made her very popular
(4)May I ask you some questions
(5)What is this river called

解説

1 ① be from 〜「〜の出身である」
④ for example「例えば」
⑤ be interested in 〜「〜に興味がある」

全文訳

みなさん，こんにちは。

私の名前はケイトです。15歳で，オーストラリア出身です。

4日前に日本に来ました。日本は今回が初めてなので，いろいろな場所に行ってみたいです。

はじめに，兄が住んでいるので，神戸に行きたいです。彼は学生で，大学で日本語を勉強しています。

私には，たくさん趣味があります。例えば，音楽を聞くのが好きです。日本のことばや文化にも興味があります。将来はオーストラリアの生徒たちに日本語を教えたいので，ここでの滞在中に，たくさんのことを学びたいと思います。

2 (1) call A B「AをBと呼ぶ」
(2) be kind to 〜「〜に親切である」

全文訳

こんにちは，みなさん。私は私の友だちについて話すつもりです。

彼の名前は田中和広です。私〔私たち〕は彼をカズと呼びます。カズにはたくさんのよいところがあります。彼は電車についてたくさんのことを知っています。彼は野球をとても上手にします。彼はみんなに親切です。だから，彼は私たちのクラスで人気があります。

ありがとうございました。

3 (1)〈show＋人＋もの〉「(人)に(もの)を見せる」
(2) 過去分詞の形容詞的用法の文で「(人)によって」は by を使って表す。
(3) make A B「AをBにする」
(4)〈ask＋人＋もの〉「(人)に(もの)を尋ねる」
(5) call A B「AをBと呼ぶ」を使った受け身の文にする。

全文訳

(1) *A*：私は明日，家族と長野へ行くの。
B：いいね。旅行を楽しんで。
A：ありがとう。戻ってきたら写真を見せるわね。

(2) *A*：あなたのお姉さん〔妹さん〕はどんな先生なの？
B：彼女は生徒に愛されている音楽の先生だよ。

(3) *A*：あなたが聞いている歌ってすごく有名よね。
B：そうよ。この歌で，彼女はすごく人気が出たのよ。

(4) *A*：質問してもいい？
B：もちろんよ。

(5) *A*：この川は何と呼ばれているの？
B：川内(せんだい)川と呼ばれているわ。

入試実戦テスト pp.18〜19

1 (1)①When ②so ③but

④because
(2)**イ**　(3)take care of
(4)food to
(5)**イ，ウ**

解説

1　(2)**イ** 以外の he は Takuya のことを指している。
(4)〈give＋人＋もの〉「(人)に(もの)を与える」は，〈give＋もの＋to＋人〉の語順に書きかえられる。

ミス注意！　(4)〈give，show などの動詞＋人＋もの〉は〈動詞＋もの＋to＋人〉の語順，〈make，buy などの動詞＋人＋もの〉は〈動詞＋もの＋for＋人〉の語順に書きかえられる。前置詞の to と for を間違えないように注意する。

全文訳

昨年の夏は，私の弟のタクヤにとっては特別なものでした。彼はそのとき 6 歳でした。

8 月のある日，私の家族は村にあるおじの家に行きました。私たちが川で泳いでいると，小さな黒いものが川のそばの大きな木から落ちてきました。それは大きなカブトムシでした。タクヤは，そのカブトムシを家に持って帰りました。私たちは今まで家で動物を飼ったことがなかったので，タクヤは新しい友だちができてとても喜んでいました。

タクヤはカブトムシの世話をし始めました。彼はカブトムシをかごに入れて，毎日えさをやりました。ときどき，妹のユカがカブトムシで遊ぼうとしましたが，タクヤはそれを嫌がりました。彼は遊ぶときも寝るときも，いつもカブトムシのかごを持っていました。カブトムシは彼のいちばんの友だちになりました。

8 月の最後の日，タクヤに悲しいことが起こりました。カブトムシが動かなくなり，タクヤは泣きました。それは彼にとって，とても悲しい夕方でした。彼は，次の日にはカブトムシにもう一度動きだしてほしいと思いました。

次の日の朝，タクヤは早く起きて友だちを見ました。そのとき，タクヤはカブトムシがもう生きていないことに気がついたのです。タクヤはカブトムシを小さな箱に入れて，その箱を持って庭へ行きました。タクヤはカブトムシを地中に埋め，そこに花を置きました。タクヤは長い間そこを動かず，何も言いませんでした。

数日後，タクヤは悲しんでいるようには見えませんでした。私は，彼がカブトムシのことを忘れようとしているのだと思いました。しかし，夜，ベッドに入ると，彼は突然小さな声で「カブトムシは死んじゃったんだ」と言いました。「そう，カブトムシは死んじゃったのよ」と私は，やさしい声で言いました。「ねえ，聞いて，タクヤ。あなたが友だちをなくして悲しんでいるのはわかるわ。でも，どんな生き物でも，ずっと生き続けることはできないのよ。だから，私たちは，命が大切だということに気がつかなくてはならないのよ。そして，生き物を愛して，世話をすることも大切なのよ。あなたの友だちは，このことをあなたに教えたかったのよ」「ありがとう，ぼくの友だち。きみのことはずっと忘れないよ」と彼は言って，ほほ笑みました。私もほほ笑みました。

彼は，昨年の夏，小さな友だちから大切なことを学びました。

第5日 基本構文を確認しよう ⑤

▶pp.20〜21

1 ①playing ②eaten
③been ④learned

2 (1)**ウ** (2)**イ**

3 (1)①**エ** ④**イ**
(2)**道化役者(どうけ)はふつうサーカスで見られます。**
(3)have never seen people like them

解説

1 ① like ~ing「~することが好きだ」
②③ 現在完了の文。have, has のあとなので，過去分詞にする。
④ 受け身の文。

全文訳

こんにちは，はじめまして。私はタカハシ・ヨウコです。日本の長崎の出身です。バスケットボールをするのが好きです。アメリカに来る前，食べ物のことが心配でした。しかし，こちらで私が今までに食べた食べ物は，みんなとてもおいしいです。私には兄〔弟〕がいます。彼は音楽を勉強するために，2年間こちらにいます。彼はいつも，アメリカではたくさんのことが学べると私に言います。そして彼は，私も外国で勉強すべきだと言いました。私は，違う考えを持った外国の人々と話すのを楽しみにしています。だから，アメリカで勉強することに決めました。もし日本について何か質問があったら，喜んでお答えします。

ありがとうございました。

2 (1) how many は「数」, how old は「年齢」, how long は「期間」, how much は「(数えられないものの)量」を尋ねる表現。
(2) Have you ever been to ~? は「あなたは~に行ったことがありますか」の意味。

全文訳

(1) ジロウ：これが私の家です。どうぞ，お入りください。
ベス：まあ，きれいな家ですね。
ジロウ：ゆっくりしていってください。
ベス：ありがとうございます。ここにはどのくらい住んでいますか。
ジロウ：7歳のときからです。

(2) グレイ先生：あなたは今までにカナダに行ったことがありますか。
ミキ：いいえ，ありません。いつか行きたいと思っています。

3 (1)④ become interested in ~「~に興味を持つ」
(2)〈be 動詞＋過去分詞〉で受け身の意味。
(3) 現在完了形は〈have〔has〕＋過去分詞〉。「一度も~ない」は never で表す。

全文訳

今年の夏，私はアメリカでホームステイを楽しみました。ジュディは私のホストシスターでした。ある日，ジュディと私は病院にいる彼女の友だちを訪ねました。私は，そこで興味深い人々を見たので驚きました。私は，彼らは道化役者だと思いました。私はジュディに彼らについて尋ねました。彼女は，「彼らはホスピタル・クラウンよ。道化役者はふつうサーカスで見られるけれど，病院を訪れる道化役者もいるの。病気の子どもたちは笑って，彼らと遊ぶことができるのよ」と言いました。彼女は，子どもたちはいつでもホスピタル・クラウンに会いたいと思っているのだとも言いました。私は，「私は日本で彼らのような人々を一度も見たことがない」と思いました。

私は彼らに興味を持ちました。

入試実戦テスト pp.22～23

1 (1)**イ**
(2)Rice has an important role in Japanese culture.
(3)Ⓐ**エ** Ⓑ**ア**
(4)**エ** (5)**エ** (6)**ア**

解説

1 (1)下線部①はjustが使われているので，現在完了の完了用法。**ア**はneverから経験用法，**イ**はalreadyから完了用法，**ウ**はhow longから継続用法，**エ**はforから継続用法。

ミス注意！ (1)just「ちょうど」，already「すでに」は現在完了の完了用法，never「一度も～ない」は経験用法，How long ～?「どれくらい～」，for「～の間」は継続用法でそれぞれ使われる語。各用法でよく使われる語を覚えておくこと。

全文訳

メアリー：私はちょうどことばについての本を読んだところよ。すごくおもしろかったわ。
ケン：その本について何か話してよ。
メアリー：日本語では，riceという単語の意味を表すために，「米」，「ご飯」，「稲」などの違った単語を使うでしょ。だけど，英語では，riceという単語がこれらすべての日本語のかわりに使われるのよ。ほかにもあるわよ。
ケン：どういうこと？
メアリー：例えば「牛」という日本語の単語を取り上げてみましょうか。
ケン：「牛」？ いいよ。
メアリー：英語には，牛を表すために，cow，bull，calfのようないくつかの違った単語があるの。
ケン：なんで牛を表す英単語がそんなにたくさんあるの？
メアリー：そうね…その本には，イギリス人の生活に牛が密接な関係を持っているからだと書いてあるわ。米は，日本の文化で重要な役割をしているわね。だから，日本人は米を表すときにたくさんの異なる単語を使うのね。
ケン：なるほど。じゃあ，cow，bull，calfなどの単語が使われるのは，牛がきみたちの文化では重要な動物だからなんだね。
メアリー：その通りね。こんなことについて学ぶのは，本当におもしろいわね。

第6日 基本構文を確認しよう ⑥

▶pp.24〜25

1 ①who ②and ③which ④why ⑤who

2 (1)what time he will
(2)where he is from
(3)which she wrote make us very happy

3 (1)the museum you want to visit (2)ア

解説

1 ① 先行詞は an uncle で「人」。また，すぐあとに動詞の has があるので，主格の関係代名詞を入れる。

③ 先行詞は a lot of things で「物」。あとには主語になる people があり，need のあとに目的語がないので，目的格の関係代名詞を入れる。

④ 間接疑問文。

⑤ 先行詞は The people で「人」。すぐあとには動詞の live があるので，主格の関係代名詞を入れる。

全文訳

ケイコは14歳です。彼女には小さな村でお店をしているおじさんがいます。

昨年，ケイコはおじさんの店に行きました。彼の店はきれいな川と高い木の間にありました。店で，彼は村の人々が必要とするたくさんのものを売っています。例えば，本，辞典，鉛筆，花などです。彼女は，なぜ彼が花を売っているのか尋ねました。彼は，「うちの庭には，たくさんの花が咲いているんだ。私は花が大好きなんだ。この村に住む人たちも花が好きなんだよ」と答えました。

2 (1) 間接疑問文なので，will he ではなく，he will の語順になる。

(2) 間接疑問文なので，is he としないこと。

(3) make A B「A を B にする」

全文訳

(1) *A*：あなたは，彼が何時に仕事を終えるかわかりますか？
B：はい，わかります。彼は6時に仕事を終える予定です。

(2) *A*：明日は転校生が来ます。
B：彼がどこの出身だかわかりますか？
A：いいえ，でも，彼の名前ならわかります。

(3) *A*：彼女が書いた話を読むと，すごく幸せな気分になるわね。
B：そうね。彼女の話はいつもおもしろいわ。

3 (1) museum と you の間には，目的格の関係代名詞 that〔which〕が省略されていると考えられる。

ミス注意！ (1)the museum you want to visit で「あなたが行きたがっている博物館」という意味。you want to visit the museum とすると，That is に続けることができない。

(2) ナンシーは I came to Nagasaki a week ago と言っている。

全文訳

ナンシー：すみません。この地図にあるこの博物館へ行きたいのですが。
ユウコ：ああ，知っています。そこへ連れていきましょうか？
ナンシー：どうもありがとうございます。私は1週間前に長崎へ来て，多くの人々が私を助けてくれます。彼らはとても親切でした。

ユウコ：それを聞いてうれしいです。あなたは旅行者ですか？
ナンシー：いいえ，私は長崎市の大学生です。あなたはその博物館へ行ったことがありますか？
ユウコ：はい，ありますよ。あなたはそこで日本の歴史と文化についての興味深いものをたくさん見ることができます。
10分後：
ユウコ：あの建物が見えますか？　あれがあなたが行きたがっている博物館ですよ。
ナンシー：まあ！　とてもきれいですね。助けてくれてありがとう。
ユウコ：どういたしまして。

入試実戦テスト pp.26〜27

1 (1)ⓐ**ウ**　ⓑ**オ**　ⓒ**エ**　ⓓ**イ**
ⓔ**ア**　(2)Ⓐ**エ**　Ⓑ**ア**
(3)①**because**　②**don't**
(4)**It**

解説

1 (1)ⓐ ケイトが直前に「私はそれらを見たい」と言い，ユウコが「はい，どうぞ」と差し出す表現が続く。次にDo I ～? と尋ねて，ⓑではそれに応じる文が続く。このように，会話文では疑問文に注目することが大切である。
(2)Ⓐ 直前の「それほど着物は着ない」に応じて，「それを聞いて残念です」。
Ⓑ 直前に「あなたも参加できる」と言われて，「すばらしいわ」。
(3)① 「日本の伝統なので」と理由を述べているのでbecauseを入れる。
② Why don't you ～? は「～してはどうですか」。
(4) 動名詞からIt ～ to ... を使った不定詞の名詞的用法への書きかえ。

全文訳
ユウコ：こんにちは，ケイト。私の子どもの時代の写真を見たい？
ケイト：ええ。見たいわ。
ユウコ：はい，どうぞ。着物を着た私はすてき？
ケイト：ええ。これらの写真のあなたはうれしそうね。
ユウコ：あのね，私が7歳のとき，父がその写真を撮ってくれたの。
ケイト：どうして写真では着物を着ているの？
ユウコ：3歳，5歳，7歳のときに，ある儀式に参加するためよ。
ケイト：興味深いわ。よく着物を着るの？
ユウコ：ううん，母はお弟子さんに生け花を教えるときはいつも着ているわ。でも，私はそれほど着ないわ。
ケイト：それを聞いて残念だわ。私が思うに，日本の伝統なんだからもっと着物を着るべきよ。
ユウコ：着物を着るのは簡単じゃないのよ。たいていはだれかの助けが必要なの。
ケイト：それは知らなかったわ。
ユウコ：ゆかたは夏の着物なんだけど，着てみない？　ゆかたを着るのは簡単よ。8月には，ゆかたを着て，花火を見に行くの。あなたもいっしょに行けるわ。
ケイト：すばらしいわ。ありがとう。
ユウコ：日本人は花火を見るのが大好きなの。あなたもきっと気に入るわよ。

第7日 読解力をのばそう ①
—対話文—

▶pp.28〜29

1 (1)**ア** (2)**ウ** (3)**エ**

2 ①**エ** ②**ア** ③**イ** ④**ウ**

解説

1 (1) That sounds nice.「いいですね」と答えていることに注目。

(2) I lost my CD.「私はCDをなくしました」と答えていることに注目。

(3) ブラウン先生が同じような質問をくり返していることに注目。

(全文訳)

(1) ビル：もしもし，ビルです。トモコと話したいのですが。

トモコ：もしもし，トモコよ。元気？

ビル：元気だよ。きみは今何してるの？

トモコ：ちょうどテレビを見ているところよ。

ビル：いっしょにテニスをしない？

トモコ：それはいいわね。

(2) 母親：悲しそうね。どうしたの？

リンダ：CDをなくしちゃったの。誕生日にお父さんがそれを私にくれたのよ。

母親：まあ，わかったわ。私が，あなたがそれを探すのを手伝うわよ。

(3) ブラウン先生：アメリカへの旅行はどうでしたか？

ユキコ：もう一度言ってくださいませんか？

ブラウン先生：アメリカへの旅行を楽しみましたか？

ユキコ：はい。とても楽しみました。もう一度そこへ行きたいです。

2 ① 次の答えの文がIt starts at one.となっているので，前の文では時刻を聞いていることがわかる。

④ 相手の話にうなずくときの表現である。

(全文訳)

トム：あっ，しまった。映画がもう始まっちゃったよ，ケイト。

ケイト：本当？　次の上映が始まるのはいつなの，トム。

トム：1時だよ。2時間待たないといけないね。

ケイト：2時間？　長いわね。

トム：映画の前に買い物に行って，お昼ご飯にしない？

ケイト：いいわよ。いい考えね。

トム：映画は3時半に終わるんだ。映画のあとは何をしようか。

ケイト：ごめんなさい，トム。5時前に家に帰らないといけないの。今日は父の誕生日なのよ。彼の誕生日パーティーをするの。パーティーは6時半に始まる予定なの。母は5時から夕食の準備を始める予定で，私も手伝いをしなくてはならないのよ。

トム：そうなんだ。今夜は家族と楽しく過ごせるといいね。

入試実戦テスト pp.30〜31

1 (1)例 Nice to meet you.

(2) you are〔it is〕 (3)**イ**

(4)例 They are going to watch a baseball game together.

(5)例 Would you give me something to drink?

解説

1 (4) 主語がKenta and Mr. Jamesとなっている点と，are going toと未来を表す表現になっている点に注意すること。つまり，ここでは，ケンタとジェームズさんの2人がいっしょに行う予定を答えればよい。

ミス注意！ (4)設問文に「主語と動詞のある英文で」と指示があるので，a baseball game「野球の試合」とだけ答えても正解にはならない。

(5) ここをおさえる！ で述べた表現のうち，1. を除いたいずれかの形を使えばよい。

全文訳

ジェームズさん：すみません。お話しさせていただいてもよいですか？

ケンタ：いいですよ。

ジェームズさん：私の名前はジェームズ・ホワイトです。あなたは日本のかたですか？

ケンタ：はい。日本から来ました。はじめまして。私はスズキ・ケンタです。

ジェームズさん：ニューヨークに行くところですか？

ケンタ：そうです。夏休みの間，ニューヨークにある友だちの家に滞在する予定なのです。

ジェームズさん：えっ，私はニューヨークに住んでいます。お友だちの住所はどこですか？

ケンタ：ちょっと待ってください。はい，どうぞ。

ジェームズさん：えっ，世界はなんて狭いんだろう！　私はあなたのお友だちの家の近くに住んでいます。その家族をとてもよく知っています。私たちはよくいっしょに夕食に出かけます。先日，彼らが私に「今年の夏，日本人の少年が私たちのところに来る」と言っていました。それがあなたなのですね！

ケンタ：わあ！　友だちの家の近くに住んでいる人と会えるなんて，すごいです。

ジェームズさん：私はあなたに会えてうれしいです。ニューヨークでは何がしたいですか？

ケンタ：メジャーリーグの野球の試合を見たいです。私は野球が大好きなのです。大谷翔平選手を知っていますか。彼は日本でたいへん有名な野球選手です。

ジェームズさん：もちろん，彼は私たちの間でもとても人気がありますよ。あなたのお友だちのご家族と私の家族は，よくいっしょに野球の試合を見に行くんですよ。私たちといっしょに試合を見に行きませんか？

ケンタ：いい考えですね。それを聞いてうれしいです。ニューヨークで楽しく過ごせそうです。

第8日 読解力をのばそう ②
—物語文—

▶pp.32〜33

1 (1)**イ** (2)**ア**
(3)eat their food (4)she

2 (1)at (2)next to
(3)be like Jim〔him〕
(4)She asked Ted〔him〕 to show his books to Jim.

解説

1 (1) be interested in 〜「〜に興味がある」

(3) 何ができなかったのかを考える。助動詞 couldn't のあとなので動詞は原形にする。

(4)「とても忙しそう」だったのはだれか。Mrs. Brown を代名詞に置きかえる。

(全文訳)

マリコは高校生です。彼女は英語の勉強が好きで，アメリカにとても興味を持っています。昨年の夏，彼女はイリノイに英語の勉強をするために行きました。彼女はブラウン夫妻のところに4週間滞在しました。

マリコが彼らの家に着いたとき，ブラウン夫人が彼女に「ここは，マリコのアメリカの家だからね。台所に食べ物があるわよ。もし，おなかがすいたら，台所に行って何か食べてね」と言いました。マリコは，最初の日に台所に行ってブラウン夫妻の食べ物を食べるのはよくないことだと思いました。彼女はそのとき，とてもおなかがすいていて，ブラウン夫妻の食べ物を食べたかったのですが，食べることができませんでした。

夕方，ブラウン夫人は台所で夕食を作っていて，とても忙しそうでした。マリコは部屋で本を読んでいました。そのとき，ブラウン夫人がマリコに「手伝ってくれないかしら」と言いました。

2 (1) be good at 〜 は「〜が得意である」の意味。

(3) テッドは何ができなかったのかを考える。be like Jim の be は「〜になる」の意味。

(4) p.33 の 5 行目に Please show your books to him. とあるので，この部分を答える。

(全文訳)

テッドはおとなしい少年でした。彼は，スポーツがあまり得意ではなく，仲のよい友だちがいませんでした。テッドは自分にたくさん悪い点があることは自覚していましたが，自分のよい点についてはまったく気づいていませんでした。

ある日，彼の先生が1人の少年と教室に入ってきました。彼女はクラスの生徒にその少年を紹介しました。「彼の名前はジムです。新しくみなさんのお友だちになります」「はじめまして，ぼくはジムです。どうぞ，友だちになってください」と，その少年は言いました。先生は「テッド，ジムがとなりに座るわよ。教科書を見せてあげてね」と言いました。テッドは何も言わずにうなずきました。午前中の授業が終わると，ジムは「いっしょにお昼を食べない？」と言いました。テッドはまた，うなずきました。

その日から，テッドとジムは学校でいっしょに行動するようになりました。ジムはとても活発な少年でした。彼はいつも，人の手助けなしにものごとをしようとしました。テッドはジムのようになりたいと思いましたが，そうはなれないことを知っていました。

入試実戦テスト pp.34〜35

1 (1)**ウ** (2)**ア** (3)**ウ**

解説

1 (2) 問いは「ジェームズ先生はなぜ音楽の先生の部屋でそのCDを探したのですか」という意味。

(3) ジェームズ先生はアンの歌った歌を「ロンドンデリー・エア」だと言っているので，その旋律のことは知っていた。

ミス注意！ 設問文に「本文の内容と合わないものを選び」とある。「本文の内容に合うもの」ではないので，設問文を読んで，何が問われているのかを読み取ること。

全文訳

13歳のとき，私は音楽に興味を持ちました。ある晩，私はテレビでとても美しい歌を聞きました。その声はすばらしく，その旋律は流れるように自然で，その音はとても温かかったのです。私はその歌の名前が何なのか知りたいと思いました。

だから，翌日，私は放課後に音楽の先生の部屋を訪ねることに決めました。私たちの音楽の先生のジェームズ先生は，私が彼の部屋に入っていったとき，机で楽譜を読んでいました。

「すみません，ジェームズ先生。音楽について質問があるのですが」私は彼に言いました。ジェームズ先生は，「いいとも，アン。何だい？」と言いました。

「私はあなたがこの歌を何と呼ぶかを知りたいんです。ここでそれを歌ってもいいですか？」と私は彼に尋ねました。

「いいよ，アン，聞こう」ジェームズ先生は言いました。

「ラララララーラ，ラララララ，ラララー」私はそのとき，まだ覚えていた旋律を歌いました。

彼は驚いて私に言いました，「なんと，きみはきれいな声を持っているんだね，アン！　それは『ロンドンデリー・エア』と呼ばれるアイルランドの歌だよ。待って！　この部屋にその歌が入ったCDがあると思う。いっしょにそれを聞こう」それから，彼はそのCDを探しました。

「やあ，見つけたよ。見て！　はい，どうぞ」と彼は言いました。

「ここでそれを聞いてもいいですか？」と私は尋ねました。

「うん，もちろん」と彼は答えて，そのCDをかけてくれました。

「これです，ジェームズ先生！　これが私が聞いた歌です。どうもありがとうございます！　私は本当にそれが好きです！」私は答えがわかって，興奮していました。

その日から，「ロンドンデリー・エア」は私の最も愛する歌の1つです。

そのあと，音楽を聞くことは私の人生の一部になりました。私は音楽クラブに入り，それから友だちといっしょに歌うことを楽しんでいます。音楽は私にたくさんの友だちとすてきな思い出を与えてくれています。

私はそうやって音楽の喜びについて学びました。今では，私は音楽のない生活は考えられません。

第9日 読解力をのばそう ③ ―図・グラフ―

▶pp.36～37

1 **エ**

2 (1)most

(2)July

3 A**イ**　B**エ**　C**ウ**　D**ア**

解説

1 **エ**の「マリコは木曜日と同じくらい火曜日にピアノを弾いた」が正解。グラフを見ると，火曜日も木曜日も練習時間は25分だったことがわかる。**ア**「先週の日曜日，マリコは一番長い時間ピアノを練習した」一番練習時間が長かったのは土曜日であるため，誤り。**イ**「マリコは先週毎日ピアノを練習した」グラフをみると金曜日は全く練習していないため，誤り。**ウ**「マリコは土曜日よりも月曜日のほうが長く練習した」月曜日は35分，土曜日は55分で土曜日のほうが長いため，誤り。

2 (1)「9月は降水量が(　　　)」グラフを見ると，9月は降水量が一番多いことがわかる。much の最上級 most を入れる。

(2)「3月と(　　　)に約80ミリの雨が降る」グラフの80ミリの目盛りに近いのは3月と7月であるため，July が入る。ここでの about は「約～，およそ～」という意味。

3 第2段落第3文に「50%より多くの外国人が買い物と日本食を楽しみたいと思っていた」とあるため，グラフの50%を超えているA，Bには買い物か日本食が入る。次の第4文には「それらのなかで日本食が一番人気だった」とあるため，Aには**イ**の日本食が，Bには**エ**の買い物が入る。第2段落最終文に「温泉は風景ほど人気がなかった」とあることから，Cに**ウ**の風景，Dに**ア**の温泉が入る。

全文訳

宮崎を旅してまわる外国人を見かけますか？　多くのことを楽しむために大勢の外国人が日本を訪れています。

グラフを見てください。このグラフはこれらの外国人が訪日前に期待していたことを示したものです。50%より多くの外国人が買い物と日本食を楽しみたいと思っていました。日本食がそれらの中で一番人気がありました。また，温泉は風景ほど人気はありませんでした。

宮崎は観光するには素晴らしい場所です。もっと多くの外国人に宮崎のことを知ってほしいです。このことについて，あなたは何ができますか？

入試実戦テスト pp.38～39

1 (1)①**イ**　②**ア**

(2)**エ**

(3)A**イ**　B**ウ**　C**ア**　D**エ**

解説

1 (1)① 空所の直後に動詞があるので，主格の関係代名詞を使って The team を修飾していると判断できる。

(2) 第2段落の2文目に「友だちと私は，コンテストで一番おいしいランチを作りたいと思いました」とある。

(3) 本文に書かれている順で見ていくと，まず第3段落最終文から，紀子の所属する Team 1 は popularity の点数が25点だったことがわかる。これより，Dには**エ**が入る。次に第4段落4文目より，柿のサンドイッチを作った Team 3 は originality と taste において Team 1

よりも高評価だったことがわかるため，originality と taste はB，Cのいずれかに入ることになる。Dには**エ**が入るため，Aには**イ**が入る。第4段落6文目の appearance の説明からもAには**イ**が入ることがわかる。第4段落5文目より，originality は3つのチームが同点だったことより，Cには**ア**が入る。よって，残りのBには**ウ**が入る。

ミス注意！ グラフの項目を答える問題では消去法で答えを絞ることができるものもある。答えが決まったものからグラフに書き込んでいこう。また，消去法で解答にたどり着いた場合でも，その根拠となるような文章があとで出てきていることが多いため，最後まで注意して読むこと。

全文訳

私たちの学校では毎年学園祭を開催しています。学園祭ではコンテストがあります。コンテストでは，生徒がランチを作ります。コンテストには4つのチームが出場します。各チームとも和歌山の食材を使用します。一番おいしいランチを作ったチームが優勝です。

先週は学園祭がありました。友だちと私は，コンテストで一番おいしいランチを作りたいと思いました。私たちはチーム1のメンバーでした。私たちは梅ハンバーガーを作りました。チーム2は桃のピザを作りました。チーム3は柿のサンドイッチを作りました。チーム4はオレンジカレーを作りました。

5人の審査員が，オリジナリティ，見た目，味の点数を決定しました。観客の皆さんには，好きなランチに投票してもらい，その点数で人気度が決まりました。私たちの人気度は25点でした。

コンテスト期間中は，たくさんの人が私たちのランチを食べにきてくれました。私たちのチームは優勝を目指して頑張りましたが，優勝したのはチーム3でした。私たちは2位でした。オリジナリティ，味ともに，柿のサンドイッチの方が梅ハンバーガーより点数が高かったです。オリジナリティでは，3つのチームが同じ点数でした。見た目は，柿のサンドイッチと梅ハンバーガーが同じ点数でした。結果を見たとき，私たちは悲しくなりました。優勝できなかったからです。

来年は優勝したいです。そうするためには，いろいろなことをしなければなりません。その一例を紹介します。私は毎週日曜日にランチを作るべきだと思います。私はがんばります。

第10日 読解力をのばそう ④
―資料・ポスター―

▶pp.40〜41

1 (1)**ウ**　(2)**エ**

2 ①taking　②went
③surprised　④visit
⑤understand

解説

1 (1)「もしアザラシと遊びたいなら,(　　)を選ぶべきではない」♡がアザラシと遊ぶことを示しており,♡が1つもついていない**ウ**が正解。

(2)**ア**「水族館のこのイベントは6時間楽しむことができる」表の右上には「午後6時から午後9時まで」とあるため,誤り。
イ「このイベントを楽しんでいる間,何も食べられない」 ☆に「午後7時30分からレストランで夕食を楽しめる」とあるため,誤り。
ウ「水族館に到着してからどのツアーに参加するか決めることができる」 4月9日の金曜日までにどのツアーに参加したいかを連絡しなければならないため,誤り。
エ「1つのツアーで4種類すべての海の生き物とふれあうことはできない」 どのツアーも3種類の海の生き物とのふれあいであるため,一致。

(全文訳)

水族館で素晴らしい夜を

夜に海の生き物を見たことはありますか? 彼らは何をしているのでしょう? えさを食べている? 眠っている? それともお風呂に入っている? いっしょに答えを見つけましょう!

4月10日(土) 午後6時から午後9時まで。4つのツアーから1つを選んでください!

♠ 魚のえさやり
♡ アザラシとの遊び
♣ ペンギンと散歩
◇ イルカと写真撮影

☆ 午後7時30分から水槽の下にあるレストランで美味しい夕食を楽しんでください。そこで魚を見て楽しむことができます。

4月9日の金曜日までにどのツアーに参加したいかをお知らせください。以下のウェブサイトにアクセスし,メッセージを送ってください。

2 ①take a bath で「風呂に入る」take の ing 形を入れる。
②Last week とあることから,go の過去形を入れる。
③「図Aを見たとき驚いた」となり,surprise の過去分詞を入れる。
④「最近,外国から多くの人が日本を訪れる」という意味になる visit が入る。
⑤「それを簡単に理解できるので,彼らは図Aのほうがよいと言う」という意味になるよう,understand を入れる。助動詞 can のあとなので原形にする。

(全文訳)

これらの図を見たことがありますか?図AもBも温泉の図です。図Aでは3人の人物は何をしていますか?彼らはお風呂に入っています。これは温泉を表す新しい図です。先週,私は家族といっしょに温泉に行きました。そこで図Aを見たときに私たちは驚きました。知っている図と違ったからです。日本では図Bを長い間使ってきました。最近,外国から多くの人々が日本を訪れているので,その人たちのために図Aも使われているのです。簡単に理解できるので,図Aのほうがよいと彼らは言います。

入試実戦テスト pp.42〜43

1 (1)**ア**× **イ**× **ウ**○ **エ**×
(2)①**イ** ②**エ**
(3)①It is〔It's〕3,000 yen.
②They should go to Mahoroba City Hall.

解説

1 (1) 参加資格について書かれている Who Can Join の項目を見ながら答える。**ア**「両親と一緒にキャンプに参加する生徒」上から2番目の★に親はキャンプに参加できないとあるため，×。**イ**「去年キャンプに参加した生徒」一番上の★に「今までにキャンプに参加したことがない生徒のみ申し込み可能」とあるため，×。**ウ**「まほろば市に住んでいる13歳の生徒」Who Can Join のすぐ横に「まほろば市に住んでいる9歳から15歳の生徒」が参加資格であることがわかる。そのため，**ウ**は○。**エ**「せんと市に住んでいる15歳の生徒」参加できるのはまほろば市に住んでいる生徒のみであるため，×。

(2)①「7月31日の午後1時に参加者はどこに集合するか」Date の行の下に「参加者は7月31日午後1時にまほろば駅に集合」とあるため，**イ**が正解。
②「キャンプについて正しいのはどれか」PROGRAM の右側に「雨の場合は活動が変わるものがある」とあるため，**エ**が正解。

(3)①「イングリッシュキャンプに参加したい場合，費用はいくらか」How much is A? は「A はいくらか」という意味で，答える場合は It is (It's) 〜. で答える。ポスターの中央に Cost が3,000円であると書かれているため，It is 3,000 yen. と答える。②「7月24日のミーティングに参加するために参加者はどこに行くべきか」Who Can Join の上から3番目の★に事前ミーティングについて書かれている。7月24日午前10時にまほろば市役所で行われるため，They should go to Mahoroba City Hall. と答える。participants を代名詞 they に変えることと，should で聞かれているため，答える際にも should を使うことを忘れないこと。

ミス注意！ ポスターやパンフレットを読み取るタイプの問題のときはすみずみまで目を通すこと。日時や場所，参加条件などいくつかの項目を漏れなく確認しよう。

全文訳

まほろば市イングリッシュキャンプ2021
まほろば市の ALT と英語で話して楽しもう！

場所 まほろば川公園
日時 7月31日(土)〜8月1日(日)
★参加者は7月31日午後1時にまほろば駅に集合
参加資格 まほろば市に住んでいる生徒(9〜15歳)
★今までにこのキャンプに参加したことがない生徒が申し込むことができます。
★保護者はこのキャンプに参加できません。
★キャンプの事前打ち合わせが7月24日午前10時にまほろば市役所で行われます。
★英語力については心配する必要はありません。ALT が手助けします。
料金 3,000円
申し込み方法
http://www.mhrbcityenglishcamp.jp

にアクセスしてください。
★このウェブサイトで6月30日までに申し込む必要があります。

プログラム
★雨天時は活動が変わるものがあります。
1日目(7/31)
午後　★自己紹介
　　　★ゲーム
夕方　★料理(ピザを作ろう!)
　　　★キャンプファイヤー(英語の歌を歌おう!)
2日目(8/1)
午前　★公園を散歩
　　　★文化を学ぶ(ALTが自国について話をします。)

総仕上げテスト

▶pp.44〜47

1 ①highest　②during
③yesterday　④tired

2 (1)How long has he played
(2)player
(3)①get　②where

3 (1)①get　②use　③began
④think
(2)イ

4 ①例 reading better than speaking
②例 use English more

解説

1 ①「日本でいちばん高い山」
②「毎年夏の間に」
③「昨日アイカの家を出て」
④「疲れてはいません」

2 (1)現在完了の継続用法。「どのくらい〜」と〈期間〉を尋ねる疑問文。
(2)「彼はとても上手に野球をします」を「彼はとても上手な野球選手です」と言いかえる。
(3)① get up「起きる」
② 間接疑問文。where the ballpark is「野球場がどこにあるか」

全文訳

ハルキ:やあ。きみは今週末に何をするつもり?
トム:まだ何の計画もないんだ。どうして尋ねるの?
ハルキ:ぼくの家族は明日,野球の試合を見る予定なんだ。ぼくの兄〔弟〕が出るんだよ。ぼくたちといっしょに行かない?

トム：喜んで。彼はどのくらい野球をしているの？

ハルキ：8年間だよ。彼は野球がとても上手なんだ。

トム：試合は何時に始まるの？

ハルキ：朝の7時30分だよ。

トム：7時30分？　そんなに早く始まるんだ！　朝食を食べる時間がないよ。

ハルキ：心配しなくていいよ。ぼくの母が，ぼくたちのためにとてもおいしいサンドイッチを作ってくれるから。

トム：それならかんぺきだね。

ハルキ：7時に野球場の前で会おう。場所は知ってる？

トム：うん，知ってるよ。

ハルキ：よし。それじゃあまたね。試合はおもしろいと思うよ。

3 (1)④ 助動詞 must のあとの動詞は原形。

(2) 第2段落の最初に「悪い目的のためにインターネットを使う人々がいます」とある。

全文訳

あなたたちは，情報がほしいときに何をしますか？　私たちは情報を得るためにテレビや本，ラジオ，インターネットを使うことができます。インターネットは1960年代のアメリカで始まり，ほんのわずかの人々しかそれを使っていませんでした。今では，それはとても人気で，役に立つようになったので，世界中のたくさんの人々が日常生活の中で使っています。あなたたちはインターネットを使えば，Eメールを送り，映画を見て，音楽を聞いて，そしてもちろん，情報を得ることができます。

しかし，悪い目的のためにインターネットを使う人々がいます。例えば，あなたたちがあなたたちの知らないだれかからEメールを受け取ったとき，そのEメールはコンピュータウイルスかもしれず，そのウイルスはあなたたちのコンピュータに被害を与えたり，あなたたちの大切な情報をぬすんだりするでしょう。あなたたちがインターネットのような，とても人気で，役に立つ何かを使うときは，しっかりと考えてください。

4 ① 好きな英語の活動について話しているので，グラフ1を見て答える。読むことが一番好きだと答えている生徒が多いことなどを英語にする。

② グラフ2を見て答える。グラフ2とSuzuの話の内容から，授業以外で英語を使う機会が少ないことがわかる。この話の流れから，②には「授業でもっと英語を使うほうがいい」と続けると良い。

全文訳

ジョーンズ先生：授業は楽しかったですか？

スズ：はい，楽しかったです。私は英語を話すことがより楽しいと思うのですが，私のクラスメイトは話すことより読むことのほうが好きなようです。

ジョーンズ先生：本当？　どうしてそう思うの？

スズ：私たちの英語の先生であるタナカ先生が，私たちに英語のどの活動が好きか尋ねたことがあるんです。グラフ1を見てください。

ジョーンズ先生：興味深いわ。グラフ2からは何がわかるの？

スズ：グラフ2は，私たちの多くがペアワークを楽しいと思っていることを示しています。また，私たちの大部分が，英語でどう言うかわからないときも考えを共有しようと努力しています。しかし，英語の授業以外で英語を使うことはあまりないです。ですから，私は授業ではもっと多くの英語を使うべきだと思っています。

ジョーンズ先生：素晴らしい考えね！
もしそれができれば，もっと英語が上手になりますよ。あなたにもっと英語で私に話してほしいです。